Carnets d'aventures 2007

Présentés par Sylvain Tesson

coordonnés par Chantal Edel

Carnets d'aventures 2007

avec la Guilde européenne du raid

PRESSES
DE LA
RENAISSANCE

Ouvrage réalisé
sous la direction éditoriale d'Alain Noël

Si vous souhaitez être tenu(e)
au courant de nos publications,
envoyez vos nom et adresse, en citant ce livre,
aux Éditions des Presses de la Renaissance,
12, avenue d'Italie, 75013 Paris.
Et, pour le Canada,
à Interforum Canada inc.,
1055, bd René-Lévesque Est,
11e étage, bureau 1100,
H2L 4S5 Montréal, Québec.

Consultez notre site Internet :
www.presses-renaissance.com

ISBN 978-2-7509-0338-1

Sylvain Tesson

Écrivain voyageur et alpiniste talentueux – parmi de nombreux dons – Sylvain Tesson a étudié la géographie avant de se consacrer à l'écriture. Il a publié une dizaine de livres, dont le dernier paru Éloge de l'énergie vagabonde *aux Éditions des Équateurs.*

Écrire l'aventure

par Sylvain Tesson

LORSQUE LE JÉSUITE portugais Antonio de Andrade revint du Tibet, il publia à Lisbonne en 1626 une lettre qui racontait sa mission[1]. Le religieux y consacre de longues digressions sur les mœurs, les us et les croyances des peuples rencontrés. Mais la description qu'il donne des difficultés surmontées risque de laisser sur leur faim ceux qui ouvrent les récits de voyage pour sentir souffler le vent de l'exploit : « Et nous, le plus vite possible, nous avons marché l'affaire d'une quinzaine de jours à travers des montagnes moins accidentées que précédemment. Une fois franchies celles-ci,

1. *Les Portugais au Tibet, les premières relations jésuites*, Chandeigne, 1996.

nous en avons atteint d'autres qui étaient pleines de neige. » Dans sa deuxième lettre (celle qui fut publiée en 1628 à Ségovie), il use d'un style encore plus expéditif : « Grandes et variées furent les difficultés rencontrées en route. » Lointaine époque où l'on allait en haillons traverser les Himalaya, où l'on s'opiniâtrait sur des glaciers béants chaussés de sandales et où l'on rapportait de ces épopées dans des pays dont on ne connaissait rien quelques pages économes.

Aujourd'hui (et c'est tant mieux) on décrit, on s'étend, on développe. Une fois rentré de voyage, on rentre dans le détail. On livre avec minutie ce que l'on a observé, on confie ce que l'on a senti, on jette le grain de son expérience dans la presse des souvenirs pour en recueillir le tanin et offrir ainsi généreusement à lire une aventure préalablement vécue sur la poussière des pistes, la neige d'un versant, les houles d'un océan. Un seul petit voyage peut faire un gros livre. On est loin du laconisme d'Antonio de Andrade : le mythe en pâtit peut-être, mais le lecteur y gagne. Imagine-t-on notre déception si nous découvrions dans le présent ouvrage, au chapitre consacré à l'ascension de la paroi du Salto Angel par une équipe internationale d'escaladeurs, cette unique ligne ascétique : « Immenses furent nos efforts quinze jours durant pour triompher du vide et de la peur. » Imagine-t-on le jeune rameur anglais Oliver Hicks (dont on lira le récit plus loin) résumant de cette formule ses 126 jours d'efforts : « Qu'on se représente le geste d'un coup de rame et qu'on comprenne que je le répétai quelques millions de fois avant que l'étrave de mon embarcation ne mette sur le sable de la côte britannique un point final à cette épreuve. » Lecteur, rassure-toi ! Les dix aventuriers qui nous livrent ici leurs récits en primeur n'appartiennent pas à la *Compagnie*. Aucun d'entre eux n'est jésuite ni même portugais. Et les relations de leurs expéditions constituent un florilège rapicolant et généreux de ce que l'année passée a vu d'aventures et d'explorations se tramer sur la surface de la Terre.

L'écriture est un prolongement naturel à l'aventure. Dans la poussière de la piste, les pas du voyageur dessinent un itinéraire. À la surface du papier, sa main trace les lignes du récit. Dans l'un et l'autre cas, à la table de travail ou dans l'immensité du monde, la même solitude, la même lenteur silencieuse, la même âpreté et surtout la même liberté. Liberté d'aventurer sa vie où bon semble, liberté d'orienter son récit comme on l'entend.

On peut aller plus loin et se demander si une aventure vécue est vraiment achevée avant que d'avoir été racontée. Voyager puis se taire, c'est amputer l'action. Pour qu'elle soit pleinement accomplie ne faut-il pas qu'elle soit partagée ? Si les Vikings avaient raconté leurs épopées dans le Jutland, si les cueilleurs du paléolithique avaient pu nous transmettre le récit de leurs explorations, si les Scythes avaient tenu la chronique de leur conquête et les marins maoris celle de leurs audaces hauturières, que de beaux récits de voyage nous aurions reçus en héritage ! Les bardes du monde celte sillonnaient les landes de la Galice à l'Armorique, s'emplissaient de la beauté du monde et la restituaient, le soir à la veillée, devant le peuple d'un village. Ces marchands de rêve, ces colporteurs de sens répondaient avec prémonition, deux millénaires en avance, à l'injonction de Carl Gustav Jung : « Je considère que c'est le devoir de tous ceux qui, solitaires, vont leur propre chemin de faire part à la société de ce qu'ils ont découvert au cours de leur voyage d'exploration. Que ce soit une fontaine fraîche pour ceux que tourmentent la soif ou l'aride désert de l'erreur stérile[1]. »

Mais on ne devrait même pas avoir besoin des incitations de C.G. Jung pour se livrer, au soir venu, à l'exercice du journal de bord. Car le rituel de l'écriture vespérale est l'un des plus beaux moments d'une journée nomade. Il constitue l'occasion de faire l'unité en soi, de se reposer du labeur de la piste. De faire tenir à son âme, à son corps et à son esprit un conseil de guerre au-dessus de la blanche feuille de son carnet. Pour moi, ce rendez-vous du soir avec la page à remplir était une corvée, il est devenu un besoin. Je garde à l'oreille cette recommandation de Jean Raspail, reçue il y a quinze ans à la veille d'un départ pour des terres lointaines : « Une fois en route, prenez des notes. Malades, mangés par les moustiques, quoi qu'il arrive, prenez des notes. » La certitude de retrouver le soir

1. C.G. Jung, *L'âme et la vie*.

venu une page vierge et le souci de devoir l'honorer obligent à mieux regarder le monde, à mieux s'imprégner de sa beauté, à tendre mieux l'oreille à sa symphonie, à mieux formuler les réflexions qu'inspire l'effort, à « tenir son âme en haleine » pour reprendre la belle expression de Montaigne, bref à vivre mieux, à *vivre plus*.

Le point commun qui rassemble sous la même bannière (et la même couverture) des voyageurs aussi différents qu'un jeune forçat de la rame, une amazone du désert, un handicapé volontariste et une acrobate du vide est le désir inextinguible d'intensifier sa vie, de l'engager sur des chemins périlleux pour en mieux saisir la valeur, de sauter par-dessus les parapets de l'habitude pour rejoindre le royaume de l'imprévisible. (L'aventure est ce qu'on a inventé de mieux pour y parvenir en temps de paix. En temps de guerre, cette aspiration se trouve hélas comblée par la force des choses.)

L'autre point de convergence c'est l'amour du monde extérieur. Les textes qu'on s'apprête à lire célèbrent tous le réel. L'aventurier conserve intacte sa capacité d'émerveillement et la renouvelle chaque jour. Il faut se souvenir des vieillards magnifiques tels Pierre Guillaume ou Théodore Monod que le spectacle de l'aube continuait à enchanter après une vie d'aventures, d'action et de tumultes. L'aventure est une déclaration d'amour au monde extérieur qui ne laisse pas de place à l'indifférence, cette tare des âmes mortes. Chacun des auteurs des chapitres du présent ouvrage pourrait faire sien ce mot du Hamlet de Shakespeare : « Il est plus de merveilles en ce monde que n'en peuvent contenir tous nos rêves. » Le voyageur glissant sur l'océan ou gravissant la montagne préfère consacrer son énergie vitale à s'émerveiller du spectacle du monde plutôt qu'à ratiociner sur son tas de misérables secrets intérieurs. Il privilégie l'exploration à l'introspection. Il goûte davantage de se tenir debout sur la route que couché sur un divan. Peut-être pressent-il d'ailleurs que « le plus court chemin qui conduise à soi-même vous mène autour du monde[1] ». D'ailleurs on se verra toujours

1. Exergue (qui pourrait servir de conclusion) au *Journal de voyage d'un philosophe* d'Hermann de Keyserling.

déçu de la réponse d'un aventurier à qui l'on demande pourquoi il voyage. Il préférera raconter ce qu'il a vu plutôt qu'analyser ce qui l'a poussé à partir voir. Quand on me pose la question, je répète ce que Beckett lançait aux pointilleux qui brûlaient de savoir pourquoi il était devenu écrivain : « Bon qu'à ça ! »

Ce livre s'intitule *Carnets d'aventures*. J'entends déjà les voix de quelques grincheux qui supputent qu'il n'y a plus de frissons ni de découvertes possibles au XXIe siècle et que le monde surpeuplé a livré ses derniers secrets. On entend même des Cassandre expliquer que le mot « exploration » n'a plus de sens au siècle des GPS et des masses touristiques. Les gens qui n'arpentent jamais les lieux sauvages se plaisent dans les lieux communs. L'idée que le monde s'affadit avec le progrès est aussi vieille que le sentiment de la nostalgie. Segalen s'insurgeait avant la Première Guerre mondiale de ce que « le divers décroi(ssât) » et Aldo Leopold, précurseur américain de l'écologie radicale, dans son *Almanach d'un comté des sables*, déplorait déjà (en 1949 !)

que « le dogme moderne, c'est le confort à n'importe quel prix ». Il s'est sans doute trouvé, à ce compte-là, un tailleur de bifaces du Magdalénien pour méditer sur le déclin de l'art depuis les chevaux aurignaciens de la grotte Chauvet. La nostalgie est un penchant de paresseux. Elle autorise à ne pas traquer dans le moment présent les raisons de s'enthousiasmer. Elle permet de se contenter de feuilleter le grimoire du passé en pleurnichant sur les âges d'or perdus. Elle affranchit de tout effort exploratoire, constitue la revanche des geignards. Mais les êtres qui s'intéressent avec sérieux à l'actualité des sciences et de l'exploration savent que tout n'est pas perdu pour les cœurs aventureux et les âmes vagabondes, que le monde n'a pas rendu gorge et que si le satellite s'est livré à un balayage cartographique systématique de la planète, il reste des parages méconnus et des champs de connaissance sur le seuil desquels se tient la science moderne, encore balbutiante. Les espaces sidéraux, les profondeurs océaniques et les tréfonds souterrains attendent encore leurs défricheurs. Ces mondes sont restés symboliquement dans l'ombre qui les caractérise physiquement. Des géographes facétieux voient dans ces noirceurs benthiques, galactiques et géologiques les nouvelles « taches blanches » offertes aux appétits des aventuriers de demain. Le faisceau du savoir porté par les astronautes, les spéléologues et les océanographes commence tout juste à balayer ces obscurités. Et l'on sait qu'en vertu du principe de l'éclairage à la torche, plus le pinceau de lumière fouaille le vide, plus on s'aperçoit que la ténèbre est profonde : les limites de la connaissance reculent alors même que progressent ses outils ! L'aventure n'est morte que dans l'esprit de ceux qui n'ont aventuré nulle part ni leur esprit ni leur corps.

Et si certains auteurs du présent ouvrage rendent hommage aux pionniers du passé (on lira plus loin le texte que Chantal Edel consacre à la première course Paris-Pékin ainsi que l'hommage que Stéphane Dugast rend à Paul-Émile Victor) c'est pour arriver à la très braudélienne conclusion qu'on ne peut pas être sans avoir été et que les antiques prédécesseurs sur les chemins de l'aventure n'ont pas asséché la beauté du monde mais l'ont révélée et encouragent à en poursuivre la reconnaissance. La Guilde européenne du raid s'est toujours attachée à jeter des ponts (de singes) entre les générations. Et c'est en vertu de ce soin constant que les fils invisibles de la fraternité de l'esprit et du cœur relient aujourd'hui dans une maison commune, par-delà les âges et les milieux naturels, Monfreid et Boivin : l'homme qui sortait d'un roman et celui qui tombait du ciel. La Guilde ne fait pas l'apologie du passé pas plus qu'elle n'en fait table rase. Elle en fait table ouverte.

L'aventure correspond à ce désir de sauter par-dessus les parapets de l'habitude pour rejoindre le royaume de l'imprévu afin de densifier la valeur de sa vie, afin de ralentir le cours des heures (qu'ont-elles à se reprocher pour fuir si vite ?), afin, comme le disait Paul-Émile Victor, de *voler du temps à sa mort*. Nul doute qu'y parviennent les pilotes de la patrouille privée Breitling Jet Team menée par Jacques Bothelin (dont on découvrira les figures de style dans l'une des contributions de ce livre). Mais il est une autre aventure qui se passe du frisson du risque. Pour la vivre, point n'est besoin de mettre le pied en des lieux inconnus puisqu'il suffit de tendre la main vers des êtres anonymes. Nous parlons de l'aventure de la solidarité. L'une exige qu'on ait le cœur solide. L'autre qu'on l'ait très vaste. Guy Duhard vit depuis douze ans dans l'Azawak nigérien et prouve par son action auprès des démunis des sables qu'il y a deux catégories d'êtres sur la terre. Ceux qui pensent que les autres marquent la frontière de l'enfer. Ceux qui savent qu'ils incarnent le début de l'aventure.

Stéphanie Bodet

En 2000, un an après avoir gagné la coupe du monde d'escalade, Stéphanie Bodet qui grimpe depuis l'âge de quinze ans, abandonne la compétition pour l'escalade en falaise et les voyages. Professeur de lettres en disponibilité, elle parcourt le monde avec son compagnon Arnaud Petit, à la recherche des plus belles parois. Ensemble, ils ont gravi la Tour de Trango au Pakistan, le Salto Angel au Venezuela, la Tour Centrale de Paine au Chili, El Capitan en Californie, et ouvert de nouveaux itinéraires au Maroc. Ils ont coécrit deux livres parus chez Glénat, Parois de légendes, les plus belles escalades autour du monde *en 2005 et* Parois de légendes, les plus belles escalades d'Europe *en 2006.*

Salto Angel : Amazonian Vertigo

par Stéphanie Bodet

15 jours et 15 nuits suspendus dans le vide le long de la façade de grès de 1 150 mètres du Salto Angel (Venezuela), arrosée en permanence par les embruns de la plus haute chute d'eau du monde, Stéphanie Bodet, professeur de lettres et championne d'escalade, nous fait le récit de cette expédition internationale (Double Toison d'Or du film d'aventure et de l'aventurier de l'année du Festival de Dijon 2006).

19 MARS 2006, huit heures du matin : je sors timidement la tête de mon duvet, encore tremblante au souvenir de la nuit que nous venons de passer. Je suis trempée et jette un coup d'œil sur le reste de la

troupe. Arnaud dort encore sur notre vire étroite. Tony, rastas enchevêtrées et paupières gonflées, bougonne quelques mots d'espagnol. Evrard, notre cameraman, s'inquiète à propos de son matériel sans doute affecté par cette atmosphère saturée d'humidité, alors que Nico, impassible, a commencé à grignoter quelques galettes de maïs froides, confectionnées la veille par Igor, le local de l'équipe. Ce dernier, optimiste comme à son habitude, s'étire en souriant et tente de mettre un peu d'ambiance. Il est le seul à posséder un précieux talisman offert par les Indiens Pemons… En dépit de ses *Buenos dias* retentissants et chaleureux, notre ami vénézuelien ne nous tire que quelques sourires penauds. Nous sommes épuisés après cette troisième nuit en paroi, trois cents mètres au-dessus de la jungle.

Notre perchoir est entouré ce matin d'une brume irisée. Les flancs des plateaux environnants vomissent de toutes parts une eau blanche et bouillonnante : de nouvelles cascades sont apparues et déversent le trop-plein accumulé sur les plateaux pendant cette nuit. Même le coassement entêtant des grenouilles au pied de la paroi s'est éteint.

Toute la nature semble pétrifiée par la tempête de la veille. Le Salto a retrouvé sa solitude et son austérité. Notre hôte capricieux semble vouloir nous faire déguerpir, à moins que ce ne soient les esprits, redoutés par les Indiens, qui se soient amusés à châtier les jeunes impertinents qui se proposaient de le prendre d'assaut...

Je frissonne en songeant à ce long voile sombre de pluie qui nous enveloppait durant la nuit. La capuche ramenée sur la tête, je tentais de demeurer objective en dépit de l'angoisse qui m'envahissait. La cascade demeurait à une distance respectable, et il semblait impossible qu'elle vienne nous faucher au passage, pensais-je. Mais, lorsque je sortais quelques secondes la tête de mon abri de fortune, entre deux rafales de pluie, je la voyais enfler, maelström terrifiant mugissant dans la nuit. Et par des retours aussi violents qu'impressionnants, nous étions secoués dans l'ombre comme des marins en poupe pendant une tempête. Enfin, j'imagine qu'il doit en être ainsi !

Les remises en question font surface, alors que le moral de chacun est au plus bas.

Penchant naturel de l'homme en proie à une situation délicate… Tony se demande ce qu'il est venu faire là. Poursuivre en sachant que si le mauvais temps revenait, une retraite plus haut dans la face serait problématique, lui semble plus que téméraire. Même si notre ami espagnol est le seul à formuler ses angoisses, durant les instants qui ont suivi notre réveil, il est probable que chacun de nous se soit interrogé sur la nécessité de se fourrer dans de tels pétrins ! Pourvu qu'il fasse beau, me dis-je… Redescendre après avoir dépensé une telle énergie pour parvenir jusque-là serait un échec pour nous tous.

Arnaud rêvait de gravir la paroi du Salto Angel, située aux confins de la grande savane vénézuelienne, depuis longtemps déjà. Une paroi surplombante de plus de huit cents mètres, vierge de tout équipement ou presque – les deux équipes précédentes ayant mis un point d'honneur à la gravir selon une éthique rigoureuse – ne se présente pas tous les jours. Pour passer du rêve à la réalité, il y a fallu plus de six mois de préparation. Convaincre d'abord des compagnons de cordée compétents et motivés, collecter le matériel et trouver quelques financements ensuite.

Certes, les deux jours d'approche en pirogue constituaient déjà à eux seuls un voyage des plus dépaysants pour nous, plus habitués à un univers minéral et silencieux qu'au foisonnement intense de la jungle amazonienne. Mais nous sommes des grimpeurs et ne parvenons pas à nous satisfaire de l'horizontalité du monde. Nos périples ont toujours pour but l'ascension d'une grande paroi. Une face telle que le Salto Angel constitue à nos yeux autre chose qu'un simple pan de rocher, si impressionnant soit-il.

Je me souviens à ce propos du suspense grandissant qui tendait nos regards, lorsque, au détour de la rivière, notre piroguier nous annonça que nous verrions bientôt la paroi convoitée. Redevenus des enfants, nous guettions anxieusement les reliefs, scrutant le long corridor de roche dans lequel nous naviguions, et chacun espérait être le premier à pouvoir claironner : « Ça y est, la voilà ! »

Les premiers jours se sont révélés plus difficiles que prévu. Grimper sur du rocher mouillé et moussu durant les trois cents premiers mètres n'était pas une partie de plaisir. Hisser nos dix sacs de trente kilos, qui garantissaient notre autonomie en eau et en nourriture pour les quinze jours à venir, non plus.

Pourtant, malgré nos difficultés et les frayeurs passées, il ne nous viendrait pas à l'idée d'abandonner. À partir de ce premier bivouac, la paroi se redresse et risque bien de nous offrir des instants mémorables. Le paysage s'ouvrira au fil de l'ascension et nous aurons certainement droit à des panoramas somptueux, cela, aucun d'entre nous n'en doute. Alors que les brumes disparaissent peu à peu, je m'étire et me redresse. Décidément, l'aventure est trop belle et nous n'allons pas nous alarmer pour une simple averse…

Le lendemain, Arnaud et Nico, les meilleurs grimpeurs de l'équipe, poursuivent l'ascension du premier passage extrême de la voie : une série de toits qu'il faut franchir pour parvenir au second bivouac. L'escalade est à la fois délicate et physique, les protections peu fiables et le rocher, nettement moins solide que ce que nous espérions. Gravir une grande paroi *by fair means*, comme disent les alpinistes anglais, nécessite patience et opiniâtreté. Une bonne école de la vie en somme ! Deux longueurs seulement seront gravies ce jour-là, soit environ cinquante à soixante mètres. Pour faire cent mètres, un champion d'athlétisme met dix secondes. Un marcheur, deux minutes environ. Quant à nous, deux jours… La lenteur prime dans les espaces verticaux encore sauvages. Notre rythme a parfois raison de la patience de Tony. Adepte de la vitesse sous toutes ses formes, notre flamboyant Espagnol trépigne sur la vire de bivouac où nous demeurons sept jours, afin d'équiper la suite de la voie. À l'inverse, les autres membres de l'équipe s'accommodent plutôt bien de cette installation dans une lenteur nécessaire. Moi qui aime rêver et laisser filer le temps entre mes doigts, j'entonne silencieusement chaque jour mon refrain préféré, celui de la poétesse Valérie Rouzeau : « Si je perdais mon temps il me ferait ce coup-là de me retrouver… »

Même si les tensions sont parfois palpables au sein de notre équipe de six individus, elles ne mettent pas vraiment en péril le bon déroulement de l'ascension. L'engagement est important et rester soudés est une question de sécurité : nous sommes bel et bien liés, au propre comme au figuré…

Ainsi, alors que nous grappillons des dizaines de mètres jour après jour, telles d'industrieuses fourmis, une petite routine s'installe à notre insu. Comme une machine dont les rouages seraient désormais parfaitement huilés, notre équipe s'organise. Nous alternons les binômes de grimpe et de tirage afin de satisfaire chacun.

À l'aurore du septième jour, nous atteignons le troisième bivouac. Quel enchantement ! Une confortable vire garnie de plantes grasses, avant-goût du sommet, auprès de laquelle jaillit notre belle cascade. D'infâme cataracte, elle est redevenue lumineuse et gracieuse. S'ébrouant dans la lumière matinale en une myriade de gouttelettes, elle nous offre chaque jour, lorsque le soleil est à son zénith, un spectacle saisissant ; le miracle sans cesse renouvelé de deux arcs-en-ciel chatoyants qui jouent à cache-cache au pied de la paroi.

Il ne nous reste plus que quelques longueurs avant le sommet, cet Eden vanté par les naturalistes, ce monde perdu qui a inspiré écrivains et poètes. Mais, à raison de deux longueurs par jour, nous risquons bien de rester au moins trois jours ici. En dépit de ce panorama somptueux, nous nous sentons un peu piégés sur notre « muraille-miroir » comme de misérables alouettes, car la question du manque de nourriture commence à nous tarauder. Les céréales du matin se font rares et lorsqu'on s'aperçoit que l'on espionne son voisin pour voir combien de cuillerées de lait en poudre il met dans son bol, c'est qu'il est temps de sortir ! On aura beau dire que la mesquinerie est humaine, quelle déception lorsqu'on la constate sur soi-même…

Les moments de repos sont comptés, mais chacun met à profit ces instants pour s'adonner à son activité préférée. Les marcheurs aiment tracer sur une carte l'itinéraire à venir ou le cheminement effectué. Arnaud griffonne quant à lui un topo de la voie sur son carnet, le bout de la langue dépassant imperceptiblement de la lèvre inférieure, élève zélé soucieux de n'omettre aucun détail.

Igor médite sur son *portaledge* (lit de camp suspendu, utilisé en paroi) dans la position du lotus, se délectant des embruns de la cascade, comme d'autres d'une nourriture exquise, tandis que Nico soigne ses multiples écorchures, qui témoignent de ses exploits sur le caillou. Assis au bout de la vire, Tony se renferme peu à peu, marmonnant tantôt de l'espagnol, tantôt du français lorsqu'il se sait filmé. Evrard se perd tellement dans l'œil de sa caméra, qu'il craint parfois d'y disparaître. Mais son efficacité pour tirer les sacs témoigne bien de sa présence parmi nous. Bâti comme un Viking, notre ami se donne autant derrière sa « tri ccd » que derrière sa poulie traction. Quant à moi, mes compagnons ne s'étant pas formalisés sur le fait que j'emporte un livre de poche de trois cents pages, je m'évade dans la prose d'Henry Miller, savourant avec délice le décalage que produit la lecture. Alors que je pénètre peu à peu dans les entrailles du livre, une foule bariolée de personnages s'agite à mes côtés : écrivains cyniques et affamés de bonne chère et de chair fanée, prostituées fardées comme des pierrots de lune, rimmel dégoulinant sur leurs joues de clowns tristes, ratés et ratées, tour à tour portraiturés sans la moindre pitié... Mais où suis-je désormais ?

26 mars, dixième jour dans la paroi. Arnaud est aux prises avec la longueur qui domine la vire. Voilà déjà plus d'une heure qu'il se concentre. Trouver le cheminement dans cet océan de quartzite orangé semble vraiment difficile. Impossible pourtant de ne pas s'engager pour avancer. Il monte un peu, tergiverse, puis traverse finalement à droite. Une minuscule fissure lui permet d'insérer un petit coinceur. Il continue alors sa traversée, puis entreprend de monter sur de toutes petites réglettes. À ce moment précis, la corde, remuant légèrement, fait sortir le petit coinceur de la fissure située cinq mètres en dessous... La gorge serrée, nous cessons un instant de respirer. Désormais, aucune chute n'est plus envisageable, car il heurterait inévitablement la vire. À peine troublé par l'incident, Arnaud continue à grimper précautionneusement sous nos regards anxieux. Inquiète, le souffle toujours coupé, je l'observe. Nulle angoisse ne transparaît pourtant dans son attitude.

Avoir peur ne sert plus à rien lorsque l'engagement est complet et que l'on est seul à maîtriser son destin.

Parvenant à une écaille dont la solidité paraît douteuse, nous lui faisons passer le marteau et un piton par l'intermédiaire d'une petite corde reliée à son baudrier, vingt mètres plus haut. Les doigts arqués sur une prise, il tire la corde de l'autre main, la met entre ses dents, reproduisant patiemment le même geste jusqu'à ce que le marteau lui parvienne. Que la manœuvre me semble longue ! « Dong, dong, dong », le son reste le même, et le piton qui peine à s'ancrer ne produit pas son chant rassurant. Qu'importe, Arnaud poursuit l'ascension, d'abord doucement, prenant finalement de l'assurance au fil des mètres. Ça y est, le voilà qui nous crie un « Relais ! », dans lequel je perçois tout à la fois satisfaction et soulagement…

Épuisé par son combat, il n'est pas capable de prendre la suite et c'est Nicolas qui s'y colle avec brio. Encore deux longueurs décisives et dangereuses qui viennent de tomber.

Le lendemain, nos deux leaders, affûtés et motivés par leurs exploits de la veille, prennent la suite des longueurs extrêmes. Nicolas s'offre une belle traversée en 7c+ alors qu'Arnaud assume à nouveau une longueur peu protégeable en 7c. Les hasards du tirage au sort !

Le soir, nous sommes heureux. Les longueurs les plus difficiles ont été vaincues, et nous sommes désormais assurés de pouvoir sortir de la paroi.

Spécialiste de l'ascension des *tepuys*, ces plateaux ceinturés de quartzite dont le Salto Angel fait partie, Igor se propose de gravir la dernière longueur. Cinquante mètres de rocher verticaux, enveloppés d'une toison végétale qui déborde littéralement du sommet, comme un manteau trop long… Vénézuélien d'origine, Igor est transcendé à l'idée de fouler le premier ce sommet emblématique. Il livre un combat sans merci, faufilant sa silhouette filiforme dans des tunnels de végétation inextricable, au mépris des piqûres de fourmis et d'araignées, tirant sans complexe sur tout ce qui se présente : lianes de toutes sortes, arbustes souples et cactées diverses et variées… Notre élagueur est implacable et depuis le relais, nous voyons passer à côté de nous quantité d'échantillons de ce que nous trouverons au sommet !

Plus que quelques mètres de corde à tirer et notre dernier sac apparaît. Nous achevons fiévreusement de le hisser, et le voilà qui s'échoue enfin à nos côtés, sur le plateau sommital. Tout à la fois hilares et encore dubitatifs d'être parvenus à nos fins, nous nous regardons. Le sourire est sur toutes les lèvres, si sales et gercées soient-elles. Pris d'une inspiration soudaine, Arnaud secoue alors une bouteille d'eau en guise de champagne et nous asperge tous : c'est la fête !

Le grondement de la cascade est en contrebas désormais, et c'est une charmante rivière qui accueille nos carcasses fatiguées. Après douze jours passés dans la paroi sur plus de quinze d'escalade au total, nous vivons les gestes du quotidien comme de petits miracles, durant cette première journée de liberté : marcher, courir, se laver, dormir sans l'entrave du baudrier, ou s'isoler et caresser sa solitude retrouvée… Nous jouissons de tout cela comme des prisonniers évadés, à peine conscients de nos paradoxes. Grimper, c'est sans doute cela :

s'offrir le luxe de franchir des obstacles que l'on s'impose à soi-même, afin d'éprouver sa liberté.

Sous les étoiles, chacun de nous revit en pensée les jours précédents. Nous venons de quitter une verticalité devenue intime. C'est une belle histoire qui s'achève.

Arnaud et moi sommes fatigués mais tellement heureux ! En tourtereaux un peu effrayés de nos aventures dans cette gigantesque face, nous nous promettons de nous reposer, de lever même le pied à l'avenir… Autant de sages résolutions qui, sans nul doute, s'évanouiront à la base de la prochaine paroi !

Guy Duhard

Ancien officier, puis ingénieur agronome et retraité, Guy Duhard, après une expérience au Mali pour Vétérinaires sans Frontières, se consacre depuis douze ans à l'association Orion qu'il a créée pour venir en aide aux Touaregs de l'Azawak, au Niger.

Un homme blanc chez les hommes bleus, Touaregs du désert

par Guy Duhard

Dans la région la plus pauvre du pays le plus pauvre du monde, le Niger, Guy Duhard partage depuis douze ans le quotidien des mythiques Touaregs de l'Azawak, auxquels il vient en aide. Il est lauréat d'une dotation Vivendi des Solidarités Nord/Sud de l'Agence des micro-projets.

J'AI SOIXANTE-DOUZE ANS, je suis ingénieur agronome et retraité. Début 1993, après le décès de mon épouse, je décide de partir chez les Touaregs et crée dans la foulée l'ONG Orion, du nom de la plus belle constellation du ciel. Tellement plus belle dans le désert que sous nos latitudes. En tamachek, la langue des Touaregs, Orion se traduit par *amanar*, ce qui veut dire « le guide, celui qui va devant ». Un très beau nom pour ceux du désert que l'on ne peut salir ou trahir. Au cours des missions d'Orion (je viens de rentrer de la vingt-sixième), j'ai découvert les Touaregs petit à petit. J'arrivais avec des idées reçues, des vérités d'ethnologue, mais ce sont les anecdotes de la vie quotidienne qui permettent de comprendre ces « hommes bleus » qui ne se livrent pas facilement. Nous les désignons par le mot « Touaregs » ou « hommes bleus ». Eux se donnent le nom de « Tamacheks » (ceux de la langue tamachek) et « hommes libres ».

Début 1994, je suis au Mali, à Tombouctou, bénévole avec Vétérinaires sans Frontières (VSF). Pour moi c'est une découverte. J'ai été officier durant deux ans en Algérie mais je ne connais rien de l'Afrique. En quelques jours, il faut absorber le désert, les Touaregs, la rébellion, le 4 × 4 et la vie quotidienne. À cette époque, je suis leur « étranger » (*amagar*). Ce n'est pas péjoratif, au contraire. L'étranger, c'est celui qui n'est pas de la tribu ou de la famille, qui est de passage en ami et à qui l'on doit tout. Même au milieu du désert, chez les Touaregs très pauvres, quand l'étranger arrive, on sort les couvertures, les coussins, on prépare du thé. S'il reste, on égorge un cabri, peut-être le dernier du campement. L'hospitalité est profondément ancrée dans leur culture au point qu'un jour, la petite Jettana, princesse de quatre ans recevant la visite de ses deux cousines de quatre et six ans, demande à sa mère le soir de leur arrivée de leur préparer du thé. Nous en avons souri, mais pour moi c'est bien la preuve que cette hospitalité et ce culte pour l'étranger sont profonds et sincères.

Dans les années qui suivront, au cours des missions d'Orion au Niger, nous avons très souvent modifié notre programme parce qu'un étranger était de passage. Au fil du temps, je ne fus plus considéré comme un étranger. Mon intégration fut telle qu'arrivant avec une amie de France, nos hôtes se sont écriés : « Guy arrive avec son étrangère ! » Autre preuve, j'ai une dune à moi, tout au moins, elle porte mon nom : « La dune de Guy » (*inguinzéguy m'guy*). Donc, je suis riche !

Deux jours donc après mon arrivée à Tombouctou, nous partons avec le 4 × 4, un vieux Toyota à châssis court dans lequel nous sommes huit. Je redécouvre le plaisir de conduire un 4 × 4 dans le désert. Nous devons accompagner un homme dans un petit campement à plus de 50 kilomètres. J'ai un guide qui semble savoir où il va, pourtant il me fait faire plusieurs changements de direction à quatre-vingt-dix degrés, mais nous finissons par arriver au bout de trois heures. Ils ont des repères qu'ils sont seuls à reconnaître, un arbuste rescapé de la sécheresse, la couleur du sable, une dune (qui pour moi ressemble à la voisine). Nous passons la nuit dans le campement. La vie à Tombouctou, si différente soit-elle de la nôtre, est un luxe en regard de la vie dans le désert : la chaleur, l'inconfort, l'eau des puits plus ou moins polluée, la nourriture qui se résume à du mil broyé, cuit en bouillie ou, au mieux, accompagné de lait, si l'année n'est pas trop sèche. Si l'on a « égorgé », la viande sera bouillie. Il faut oublier l'image du méchoui à la peau croquante et dégoulinant de graisse. Ici, le bois est rare et les animaux sont maigres. Au mieux, vous aurez un morceau de viande grillé sur le brasero du thé, constellé de morceaux de charbon. Mais c'est le désert et il n'y a rien d'autre !

Au fil des années, je fus davantage en mesure de constater à quel point leur vie est difficile et, surtout, précaire. Mais partager la dureté de cette vie, c'est la meilleure façon de les comprendre et de les aimer. Et puisque je dirige une ONG, c'est la meilleure façon de choisir les actions les mieux adaptées à l'urgence de leurs besoins. J'ai beaucoup de respect pour ce peuple. Leur capacité à vivre dans un milieu aussi hostile, avec une vie aussi dure, implique beaucoup d'intelligence pour s'y adapter, mais aussi beaucoup de courage et de capacité à souffrir. Mais dès qu'ils se rassemblent, ils retrouvent la joie et le sourire, même pour les très pauvres. La vie semi-communautaire des campements doit préserver de l'ennui et probablement du désespoir.

Un matin, nous passons près d'un petit campement où nous nous sommes arrêtés la veille. Un homme nous fait signe, nous allons vers lui. La veille, un drame s'est produit. Deux enfants de trois et cinq ans ont disparu.

L'homme essaie de reconstituer les faits. Il était parti sur son chameau, à la recherche d'une chèvre égarée. Les enfants avaient dû le suivre. La mère était sous la tente et n'avait pas vu les enfants partir. Lorsqu'elle en était sortie, elle avait supposé que le père les avait pris avec lui sur sa selle. Mais il était revenu sans les enfants. Aussitôt prévenu de leur disparition, il était reparti accompagné d'autres hommes, mais en vain.

Alors, lorsque nous arrivons le lendemain matin, je propose au père de l'emmener dans mon 4 × 4 et de suivre la trace qu'il a prise hier en faisant de grands zigzags. Au bout d'une heure, le père dit : « Il faut arrêter, les chacals les ont certainement mangés et ont tout enterré, même les sandales. » Nous revenons au camp, la mère pleure en silence. Je pense à ce que nous, les nantis, aurions dans ce cas mis en œuvre : hélicos, peloton de gendarmes et même appui psychologique… Et eux ? Depuis ce drame, j'ai réalisé que la mort n'a pas le même prix ici que dans nos pays riches. La misère ne peut se décrire avec les mêmes mots, et je ne pourrai jamais l'oublier.

Début 1995, je me suis tourné vers le Niger, voisin du Mali, le grand pays touareg puisque la moitié des Touaregs y vivent. C'est aussi le pays le plus pauvre du monde selon le classement de l'ONU. À chaque voyage, c'est une redécouverte de l'extrême dureté de leur vie surtout dans les campements isolés : la chaleur bien sûr, la nourriture composée d'un plat unique souvent très pauvre, l'eau rare et souvent polluée, l'isolement. Bien sûr, toutes les situations ne sont pas identiques et l'on trouve toujours plus pauvre que soit, sans parler de la maladie qui amplifie les souffrances. De janvier à mars, souffle le vent d'est : l'harmattan. La nuit, il est toujours froid. Le jour, il peut être bienfaisant aux heures chaudes, sauf s'il est chargé de sable et de poussière, ce qui est très souvent le cas. Il est alors très désagréable et déprimant. Le sable masque le soleil et s'insinue partout. La nuit, il voile les nuages et la lune. Lorsque le vent s'arrête, parfois après huit jours, l'air reste chargé de poussière et il faut encore attendre un à deux jours supplémentaires pour retrouver un ciel clair. Ici, le sable peut parcourir plus de 500 kilomètres, depuis le grand désert du

Ténéré à l'est (en tamachek, *ténéré* signifie « désert »). Ces périodes de vent sont redoutées par les Touaregs et moi aussi, je dois porter un turban pour me protéger.

En 2004, les pluies furent insuffisantes et les criquets causèrent moult ravages : la récolte de mil a donc été très faible ; ce qui a amené Orion à acheter 180 tonnes de céréales grâce à des dons exceptionnels et à la vente de mon appartement. Depuis 2005, année de la famine donc, les vents ont été très violents et ont recouvert de sable le peu de paille qui subsistait, rendant l'année suivante encore plus difficile. Beaucoup d'animaux, chèvres et chameaux, sont morts de faim, même les plus résistants.

Depuis maintenant plus de douze ans, je me consacre dans l'Azawak du Nord aux Touaregs Ouellemindens, sur une zone de 300 kilomètres sur 200. En mars 1995, alors que je me trouve à Abalak et que la rébellion n'est pas loin, je converse avec Seidimo, chef de la tribu noble des Télémédés, un homme un peu plus jeune que moi, grande gueule, et frère de l'*aménokal* du 5e regroupement. Il me demande : « Toi, qui te paie et qui te commande ?…. » Pour lui, les deux choses sont liées. Je lui réponds : « Personne. » Donc, pour lui, je suis un homme libre, un *ellili*. Je ne suis le vassal ni l'esclave de personne et c'est le premier signe de la noblesse. Depuis, cela me suit. Pour eux, c'est important au regard de leurs castes quasi médiévales : les Berbères (donc blancs), avec les nobles au sommet, puis les vassaux et les maraboutiques. Viennent ensuite les forgerons, caste inférieure, et, au bas de l'échelle, l'ancienne caste des esclaves rebaptisée Touaregs noirs. L'esclavage n'existe plus, mais c'est dans cette caste que se trouvent les serviteurs et les bergers au service des Berbères. Seidimo me dit qu'un homme comme moi ne peut voyager seul et il me confie l'un de ses forgerons, Ahmed Moussa. Depuis douze ans, il m'accompagne. C'est mon guide, mon ordonnance, mon chef du protocole : il est le forgeron de Guy.

À mon arrivée, en 1995 donc, ma première action a été de tenter de fabriquer du fromage de lait de chamelle. Cela peut sembler banal de parler de fromage mais le lait de chamelle ne caille pas. Pas de caillage, pas de fromage. Un chercheur français, M. Ramet, a mis au point un additif qui fait cailler le lait, mais selon lui, sans chauffage, l'opération s'avère impossible. Pourtant en mars 1995, je fais cailler du lait sans le faire chauffer et je fabrique mes premiers fromages, les premiers jamais faits en brousse. Le rendement est très faible : deux litres de lait pour un fromage bien sec de 60 grammes ! Mais j'ai réussi. Les Touaregs parlent de magie, ce qui ne me plaît pas, puis ce succès sera mis sur le compte de « la médecine des Blancs ».

En juillet 1995, je décide de faire la « cure salée », c'est-à-dire le voyage qui mène les Touaregs vers la zone des sources salées. J'achète un immense chameau blanc. C'est Seidimo qui l'a choisi ainsi car, pour lui, c'est le seul qui convient à mon « standing ». Je pars avec un troupeau venu du Sud comprenant 500 chamelles. Nous nous dirigeons vers le nord-est, au nord d'Ingall, zone des sources salées située à plus de 200 kilomètres. Nous sommes seulement douze hommes derrière ce troupeau (mais nous avons emporté cinq kalachnikovs et des fusils de chasse). Je bois cinq ou six litres de lait de chamelle par jour, ce qui limite ma consommation d'eau, de l'eau de mare souvent polluée. Il y a des naissances tous les jours dans le troupeau et donc beaucoup de lait, ce qui nous permet de faire quelques fromages. Arrivé à Ingall pour la grande fête de la cure salée où j'ai obtenu un stand, je fabrique des fromages en public et j'obtiens un gros succès, faisant même l'objet d'une émission de télé qui repassera plusieurs années après.

Mais après trois ans de tentative de développement, j'ai dû abandonner, le rendement étant trop faible pour être économiquement viable. Pourtant, cette cure salée réussie a été pour moi l'« examen de passage » obligatoire, prouvant que je ne suis pas un touriste. J'ai vécu comme eux, avec eux, je les ai soignés, et j'ai fait le voyage retour à leurs côtés. Je suis presque un Touareg. Il est probable que si j'avais échoué, Orion n'en serait pas où elle est aujourd'hui. La confiance, cela se gagne. Des années plus tard, mes amis touaregs m'ont dit qu'ils avaient fait le pari que je n'irais pas très loin et que je reviendrais en 4 × 4… Durant ce périple, par une nuit de pleine lune, j'ai tué une vipère de 80 centimètres de long avec une cravache, alors qu'elle quittait l'ombre de mon lit de camp installé à la belle étoile, faisant ainsi monter ma cote de popularité.

Nous traversons en permanence des zones totalement désertiques. Ma carte d'état-major, un peu ancienne, indique des mares permanentes ou des puits qui n'existent plus. Depuis 1970, le désert a progressé de 250 kilomètres. Les hommes d'un peu plus de cinquante ans me disent qu'« avant, l'Azawak était une savane avec des petits arbres et beaucoup de gibier : autruches, gazelles en vrais troupeaux, outardes, cobras et hyènes ». Il n'y a plus rien : j'ai vu ma dernière gazelle en 2000. C'était leur principale source de viande. Aujourd'hui, il faut sacrifier un animal de son troupeau, qui représente leur seule richesse et monnaie d'échange pour acheter mil, thé, sucre, tissus…

En 2000, Amama, membre du comité de direction d'Orion et ambassadrice des pauvres, accouche d'une fille, Marie (Marietta).

C'est son troisième enfant avec Ingad, un prince. Mais quelques mois plus tard, Amama est mourante et ne pèse plus que 38 kilos. Je l'emmène d'urgence en France avec son mari et elle revient guérie. Je leur demande alors de prendre Marie pour filleule et comme je sais que pour eux elle sera considérée comme ma fille, je leur fais promettre que, contrairement à la coutume, elle ne soit jamais mariée contre son gré. Aujourd'hui, Marie a sept ans, elle est belle, casse-cou et indépendante. Personne ne la mariera sans son accord (ni le mien) et c'est moi qui recevrai la traditionnelle dot de quatre chamelles. *Inch' Allah*, cela va de soi… En France, nous dirions que Marie est mon soleil. Dans le désert, Marie, c'est mon oasis et rien que pour elle je repartirai.

Les Touaregs sont entrés en rébellion en 1991. Le conflit est réellement terminé depuis 1998. Pourtant, en février de cette année, un groupe rebelle a attaqué une garnison au nord de l'Aïr. À suivre… Depuis 1992 s'est développé, en marge de la rébellion, un banditisme armé. J'y ai pour ma part été confronté en 2003. J'ai mis en fuite deux hommes armés d'une kalach avec une simple torche. J'avais 600 euros sur moi et il n'était pas question de me voler l'« argent des pauvres ». La kalach a tiré, non pour me tuer – à trois mètres, il ne pouvait pas me manquer – mais pour que je les laisse s'enfuir. Depuis, on dit que je suis fou ou maraboutě et que je ne risque rien. Nous laissons courir le bruit, dans le désert tout se sait et cela peut servir.

En février 2006, lors de ma dernière mission, la vingt-sixième, j'ai atterri à Niamey, la capitale. Mes amis membres du comité Orion m'attendaient. Amama, Ingad, trois nobles et Kilikili, le forgeron. Et, bien sûr, Ahmed Moussa, mon forgeron personnel. Après quelques achats et une visite à l'ambassadeur, nous avons pris la route pour l'Azawak, à 750 kilomètres de Niamey. D'abord le goudron, souvent en triste état, puis la latérite et la piste. C'est beaucoup d'heures de route, de fatigue et de danger.

Lorsque nous sommes arrivés le lendemain à Azay (le campement d'Ingad, Amama et Marie), pour nous accueillir,

Amamatou, la mère d'Ingad et l'épouse d'Abazas, a fait installer une belle tente en peau de chèvre d'environ 50 mètres qu'elle venait juste de terminer, aidée de ses forgeronnes. La tente était équipée de deux lits touaregs, de coussins et d'objets de décoration en cuir très coloré fabriqués par les forgeronnes. Ces objets sont assez chers et de plus en plus rares. Le lendemain, nous avons égorgé un bouc pour fêter mon retour.

Je retrouve Marie, ma fille, mais aussi Jettana, Mano et Khalid, les autres enfants d'Amama. Bien d'autres encore comme Kanette, Fatty, Hadjia et Tokofett, ma première filleule qui est grande maintenant mais non remariée. C'est ma famille d'adoption et c'est à Azay que je séjourne le plus souvent. J'y suis chez moi, pourtant ce n'est pas une vie de château. De là, je vais rayonner pour visiter écoles, puits, coopératives…

J'ai acheté mon premier 4 × 4, un vieux Toyota à châssis court, en 1999, disposant ainsi d'une plus grande liberté de déplacement sur une zone d'action plus grande que la Bretagne. Avant 1999, les missions d'Orion se limitaient à trois écoles (de 280 élèves dont 46 % de filles), à l'offre de soins, au forage de puits… Depuis, nous comptons aussi des coopératives fermières, trente-deux puits, une banque céréalière, un système de microcrédit en nature (chèvres), des actions ponctuelles d'apport de vivres… Par exemple, nous avons remis en état un forage en panne depuis six mois. Depuis le 20 février, l'eau y est revenue, puisée à 200 mètres de profondeur dans la nappe fossile. Que c'est bon d'avoir de l'eau !

Les Touaregs sont un peuple en survie dans un pays très pauvre. Mais ils gardent leur dignité et leur mystère, et les rêves qu'ils font naître chez beaucoup d'entre nous sont toujours intacts. Là-bas, on dit « Orion, l'ONG des pauvres ». C'est un honneur. Pourtant je sais que la pauvreté gagnera. Orion est une aventure humaine qui m'absorbe totalement. Elle m'a ruiné, mais j'en suis presque heureux. La première année a été pour moi une découverte : le désert, les mythiques Touaregs, le chameau, le 4 × 4, le baroud… Puis, mon engagement de plus en plus concret dans la lutte contre la pauvreté aux côtés de ma nouvelle grande famille tamachek a chassé tout romantisme pour faire place à des réalités douloureuses. Mais, pour moi, Orion c'est de la chevalerie.

Michael Pitiot

Auteur de récits d'expédition[1] *et réalisateur de documentaires de télévision, Michael Pitiot, trente-six ans, a notamment dirigé l'expédition maritime de la jonque chinoise* Sao Mai *et l'opération journalistique et littéraire de Portes d'Afrique. Depuis 2006, il coordonne la production documentaire de Tara Expéditions en océan Arctique.*

1. Dont *Bhoutan, voyage au pays de Bouddha*, Presses de la Renaissance, 2005.

Tara : future station balnéaire du Pôle ?

par Michael Pitiot

Pour étudier les effets du réchauffement climatique, depuis septembre 2006, à bord de la goélette d'exploration polaire *Tara*, filmés par Michael Pitiot, des groupes de scientifiques de onze pays différents dérivent – volontairement – sur l'océan glacial Arctique dont on prévoit que dans quelques décennies il sera totalement « dégelé » pendant l'été.

SANGLÉ AU FOND DE MON SIÈGE tel un cosaque à la veille d'une grande bataille, je regarde mes voisins. Des hommes et des femmes de sciences de toutes les nationalités et spécialités. Les chercheurs allemands Georg, Marcel et Michael, les

Estoniens Timo et Erkko, l'Américain Kerry et Jaari le Finlandais. Suzanne, scientifique danoise, et Florent, expert français. La première équipe du plus gros consortium européen de recherche sur le climat. L'objectif est de modéliser l'évolution des régions arctiques, depuis les couches de l'atmosphère jusqu'aux profondeurs océaniques en passant par cette mince couche de glace sur laquelle, presque sans y prendre garde, nous allons vivre.

Glace ou pas glace, telle n'est déjà plus la question pourtant. On sait aujourd'hui avec certitude qu'elle fond et l'interrogation du moment est plutôt : quand et comment tout cela pourrait se terminer – pour les périodes d'été, tout au moins ? Le réchauffement en cours de notre planète bouleversera les hautes latitudes. Mais à quel point ? Toutes les simulations numériques du climat futur prévoient la disparition complète de la glace de mer durant l'été en Arctique. Le rythme de cette transformation demeure difficile à prévoir. Dès 2030 ? Pas avant 2080 ? Il faut un dispositif d'observation pérenne de la glace, de l'océan sous-glaciaire (température, salinité, courants), de l'atmosphère, des flux d'énergie entre air, glace et eau. C'est l'objectif de ce programme baptisé avec inspiration Damoclès dont le coordinateur est un Français, le scientifique Jean-Claude Gascard de l'université Pierre et Marie Curie. Le programme est déployé avec les équipes de *Tara*, navire d'exploration polaire dirigé par un patron engagé : Étienne Bourgois. Ce dernier considère qu'il ne pourra reprocher à personne de ne pas se préoccuper du sort de la planète si lui-même ne le fait pas. Il est entré en science par conviction.

Pour l'heure, les grands experts somnolent sur leurs étroits fauteuils. Nous volons depuis quatre heures au-dessus de la banquise, à bord d'un DC3 canadien. Le long des rangées de sièges, le fret est harnaché à même la carlingue. À ma gauche il y a Arnaud, le preneur de son, et devant, Philippe, le cameraman. Nous partons filmer cette mission au cœur de l'immensité glacée de l'Arctique vers le point le plus au nord du Nord : la base scientifique permanente *Tara*, par 88° de latitude, au cœur de l'océan Glacial Arctique.

Nos pensées sont assourdies par le vacarme des hélices. L'acouphène est un calvaire pour Arnaud qui, bien qu'il soit un peu maigrichon, ne se sépare jamais de ses 20 kilos d'instruments de mixage, d'enregistrement et de sa palanquée de microphones. La conscience professionnelle le pousse même à parler à ses micros, à les rassurer, à leur raconter la Terre qui bruisse de mille secrets. Toujours prêt, dans son manteau polaire fluo et son casque d'aviateur russe en cuir bouilli qu'il a habilement équipé d'écouteurs stéréo, il se tient adossé à une issue de secours dont l'état suggère que l'urgence passera par ailleurs. Philippe, lui, est un géant infatigable qui n'a peur de rien, mange comme quatre et filme avec justesse. Il porte des journées entières sans faiblir ses lourdes caméras haute définition et trouve encore l'énergie de casser la glace pour les corvées du bord. Il est le rationnel de l'équipe. Cela doit bien faire la troisième fois qu'il compte ses cassettes et ses batteries. Opérationnel en diable.

Gérald, le chef mécanicien de l'appareil, sort la tête du cockpit et montre en souriant le hublot. Piste en vue ! Une étroite zone blanche balisée par des sacs, des fûts de kérosène. Vue d'ici, personne ne sait encore si c'est une bonne ou mauvaise nouvelle. Comme personne ne moufte, j'attends aussi. Sous les skis de l'avion, la banquise prend son relief : on la pensait plate, froide et lisse comme un miroir, le paysage évoquerait plutôt les quartiers est de Beyrouth à l'hiver 82. À perte de vue, des blocs de glace hérissent un terrain fracturé même si on voit bien que des congères cherchent à arrondir des angles. Je serre encore un peu ma ceinture.

Soudain nous touchons ! Atterrir n'est pas le mot de circonstance à cette latitude. Après un rebond tout à fait honorable, les trépidations confirment que la situation est maîtrisée. L'appareil s'immobilise dans un hurlement rageur. Le pilote, Bryan, sort du cockpit sous un tonnerre d'applaudissements. C'est le genre blond de Tanguy et Laverdure, le cap'tain, regard d'azur, sourire éclatant et *flight jacket* usée à point. Son seul vice est d'engloutir des hectolitres de bière.

Mais quand il prend le manche, il devient sobre comme un chameau anglais. Derrière lui, également ovationné alors qu'il sort du gourbi, le copilote, Louis, que par un fait spontané nous avons tous surnommé « cousin Louis ». C'est le brun, jeune, farceur de tous les tandems aéronautiques. Cousin Louis parle le français académique du Québec et c'est un « sacré délice » de l'entendre.

La porte de l'avion s'ouvre, laissant le blizzard refroidir l'ambiance.

Sur la piste, une brochette de gars coiffés de chapkas dont les poils proviennent de divers bestiaux farcissent d'épais manteaux polaires. Ils nous regardent sans rien dire en agitant ce que je prends pour des gants de boxe mais qui sont en fait des moufles géantes ! Le froid est vif. Impossible de lancer un bon mot du style Livingstone puisque mes maxillaires sont gelés et que cela risque de ne donner qu'un borborygme misérable. Par bonheur, Grant, le chef de la base, approche. À trente-trois ans, il a à son actif trois saisons à Scott Base, base scientifique néo-zélandaise en Antarctique, et plusieurs missions en péninsule antarctique, en Géorgie du Sud et en Patagonie. On le reconnaît de loin à son air *so british*. Rien ne l'énerve. Il salue sobrement et empoigne une caisse dans l'avion, histoire de relancer le débat. Deux minutes après, tout le monde arrache en un tournemain les deux tonnes de matériel chargées à Longyearbyen avec l'expérience d'un *team* de dockers. Bryan ne veut pas attendre de voir la banquise se briser, ruinant la piste d'aviation et clouant au sol son appareil. Nous sommes trop loin de toute vie, la terre est à plus de 1 500 kilomètres. Sur un océan. Déjà Gérald a mis en route les pompes à kérosène. Il charge deux tonnes de carburant dans les ailes. Derrière lui, sur le bord de la piste, Jaari, glaciologue, fait un sondage avec un tire-bouchon géant : une tarière à glace, l'outil le plus courant des zones polaires. Après le fusil et la vodka. Jaari a décidé de vérifier par acquit de conscience l'épaisseur de la glace sur laquelle nous nous sommes posés. Il annonce satisfait 1,80 mètre à grand renfort de gestes. C'est le latino finlandais le plus nord du monde que je connaisse.

De la carlingue nous extrayons des poutrelles en alu, du bois, des bidons d'huile, une tronçonneuse, deux pulkas, 18 caisses de 50 steaks en provenance du Brésil, une boîte genre sarcophage sur laquelle figure le hiéroglyphe « Fragile » et qui pèse un âne mort, 15 cageots d'oranges, 40 sacs de sacs-poubelle car on ne jette rien par terre dans le coin, un lot de sacs de voyages bibendum bourrés de vêtements grand froid qui n'ont pas leur pareil pour ce genre de remplissage, 12 tubes équipés d'un parachute genre ogives nucléaires qui appartiennent à Michael, un des météorologues, et qui s'avèrent par bonheur être des sondes de températures. Enfin, nous déchargeons aussi une bonne trentaine de caisses en métal emplies d'un bazar hétéroclite de capteurs, de câbles, de documentation, d'ordinateurs et d'outillage. Université de Brême et de Hambourg, Institut du Danemark, d'Estonie, Centre de recherche de Washington, Laboratoire de Paris, Finnish Institute, les labels des caisses livrent un peu du formidable rassemblement de talents qui se presse dans ce coin perdu en provenance de onze pays d'Europe et des États-Unis. Rien ne laisse supposer en revanche le poids et, quelques tours de rein plus tard, une voix de stentor se décide à annoncer les dangers cachés de chacune de ces cantines. Un *skidoo* russe débarque dans un nuage de fumée bleutée, rappelant que l'engin, pourtant neuf, était déjà fabriqué du temps des Soviétiques. Le visage du chauffeur est entièrement couvert d'une cagoule et lunettes noires mais il s'agit bien de Guillaume, le chef machine de la base que l'on reconnaît à sa réglementaire combinaison blanche. Il apporte un traîneau pour déplacer le fret vers la base. Pourquoi les mécanos de la marine s'échinent à farfouiller en blanc dans leurs machines huileuses reste en revanche un mystère ? Derrière lui, un husky joyeux se roule dans la neige à peine arrivé. Offert en cadeau au départ de la ville éponyme en Sibérie, Tiksi est un jeune chien débordant d'ardeur juvénile qui, dans sa vie, n'aura pratiquement connu que le blanc des glaces. Malgré cette expérience, son comportement n'est pas strictement darwinien : il se perd à 100 mètres de la base, parvient à toujours se trouver du mauvais côté des cassures de la banquise, mordille tout ce qui sert à la science, en particulier les très coûteux câbles « grand froid » qui acheminent les données, mais dédaigne le reste. L'équipe permanente de la base dépense finalement un temps considérable à réparer les gaffes de ce Rantanplan arctique. Je découvrirai aussi que ce chien a le don d'aboyer systématiquement lorsque la caméra se met à tourner, ce qui en fera l'ennemi juré de notre preneur de son. De fait, ce clébard infernal autant qu'attachant est souvent ficelé à un piquet. Son confrère est un husky nommé Zagrey, un vrai chien du Nord, dans la force de l'âge, capable de tirer une pulka sans tout renverser. Conscient de notre volonté de faire un film, Zagrey aura le tact de ne pas ruiner nos efforts. Ces deux chiens, nourris et choyés, ont une mission vitale : alerter la base de la présence d'ours. L'expérience n'est hélas à ce jour pas encore concluante. Les trois fois où des ours ont approché la base, l'homme de quart a dû réveiller les chiens. La peste soit de l'ursidé qui surgit à l'heure de la sieste.

En attendant, on cause en haletant du déchargement, de la base, du froid, on se sourit.

On parle peu. Pourtant, la mission en cours fait parler. Elle regroupe plus de cent scientifiques spécialistes de l'océan Arctique. Objectif : mettre sous surveillance l'Arctique, de manière à fournir les simulations numériques du climat en données fiables et de longue durée. Une chose est certaine, la disparition de la banquise apportera un véritable bouleversement car les glaces de mer jouent un rôle climatique décisif, en isolant la surface océanique de l'atmosphère et en réfléchissant l'énergie solaire. Leur disparition entraînera d'importantes rétroactions climatiques.

Car l'Arctique est probablement une partie maîtresse de la machine de régulation climatique de la planète. Par des mécanismes de circulation complexe, l'eau des océans, les couches d'air des tropiques n'ont de cesse de se déplacer des zones chaudes vers les zones froides et vice versa. De ces échanges qui semblaient inépuisables, naît une atmosphère tempérée assurant l'équilibre de la machine climatique.

Le dérèglement climatique, outre qu'il se détecte plus facilement en Arctique, serait même accéléré par le ralentissement de la machine froide. Enfin, un réchauffement arctique pourrait à terme accélérer la fonte du pergélisol canadien et sibérien et, à plus long terme, de la calotte groenlandaise. Si tel est le cas, les niveaux des océans du globe pourraient s'élever de six mètres. Ce qui n'est pas le cas de la glace de mer, qui, quand elle fond, ne modifie pas les hauteurs d'eau si l'on se souvient des règles de physique élémentaire d'Archimède ou si l'on observe la fonte d'un glaçon dans un verre de scotch.

Le dernier traîneau repart, lourdement chargé et escorté par Tiksi, fou de joie à l'idée de pouvoir boulotter de nouveaux appareils scientifiques. Michael, scientifique de l'institut météo de Hambourg, n'a pas perdu une minute : il a déjà ouvert ses caisses et déployé un dispositif de tiges, câbles et écran pour étalonner ses instruments. Malgré le froid, il sonde la glace à mains nues et s'enthousiasme tout seul à la lecture des résultats. Il n'a pas le temps de terminer ce rite initiatique que son installation est littéralement balayée par une bourrasque glacée. Le DC3 vient de remettre les gaz, propulsant des mètres cubes de glace et de neige tout autour de lui. Courbés, dos à la piste, nous tentons de reprendre souffle et de récupérer ce qui a été dispersé. L'avion prend son envol.

C'est alors que le silence retombe et que je prends conscience de l'immensité de ce désert blanc à l'horizon duquel on aperçoit les mâts d'un bateau : la base polaire *Tara*.

Dans un relief tourmenté, comme englacés, les 40 mètres d'aluminium de *Tara* forment une lame saisie au plus profond de la banquise. La glace autour s'est figée en crêtes acérées, comme des vagues immobiles qui, avec la mâture de *Tara*, figureraient un océan qui se serait pétrifié avec ce qui flottait à sa surface. Le bateau a pris de la gîte sous la pression des plaques de glace et paraît avoir été surpris comme Pompéi dans son élan. *Tara* est conçu pour résister à ces forces colossales par la forme de sa carène, très évasée, qui lui permet de s'extraire par le haut tel un savon. Cette couche blanche est crevassée çà et là de chenaux. Comme autant de persiennes par lesquelles on aperçoit l'intime d'un océan, 4 000 mètres de fond. L'eau y est noire comme un insondable miroir. Un pas de côté et l'Arctique aurait irrémédiablement raison de nous. Étrange paradoxe que vit celui qui apprend à marcher sur l'océan.

Féerique, la scène l'est aussi par la lumière qui ricoche partout, irise la jeune neige qui poudre en flocons sous la bise. Le soleil permanent, toujours haut dans le ciel, est méconnaissable. Fait marquant, il n'y a aucune odeur ou presque.

Grant procède avec courtoisie au briefing général. Disposition des tentes, chauffées par de charmants poêles à kérosène installés par l'équipe russe dont la précision mécanique est parfois approximative. À l'usage, nous découvrirons que ces chauffages dispensent autant de fuel que de chaleur.

L'accès aux zones de recherche est soumis à des règles de sécurité. Pas de déplacement sans fusil ni radio hors du périmètre de la base. Les armes, toujours chargées, sont censées protéger ceux qui les portent mais beaucoup avoueront qu'il était exclu pour eux de tirer sur un ours. Il existe aussi des strictes règles de respect de l'environnement : pas de rejet intempestif, on doit utiliser les systèmes de récupération et de compactage des déchets. On ne doit pas marcher sur les zones dites de « bonnes glaces » qui servent à produire l'eau douce. Par bonheur, vu qu'une « bonne glace » ressemble à s'y méprendre à une mauvaise, le staff a eu la bonne idée de les baliser à l'aide de petits drapeaux rouges. D'ailleurs, ces pavillons qui flottent au vent polaire sont légion. Ils marquent les points d'importance variable et pour un béotien de mon genre, le doute est fréquent quant au sens de certains d'entre eux. Le seul qui n'est évidemment pas assujetti à ces contraintes est le chien Tiksi qui urine à loisir sur les bonnes glaces, obligeant les équipes à exploiter de nouveaux secteurs chaque fois.

Enfin, Grant conclut, laconique, que compte tenu du monde présent sur la base (au fil des rotations aériennes, nous serons bientôt quarante-deux personnes) les douches sont remplacées par un sauna hebdomadaire. Gamet, un des Russes de l'équipe d'hiver, est en effet parvenu à construire un *banya* avec le bois disponible à bord. La rumeur ajoute que depuis, il manque des planches mais on sait où elles sont. Quoi qu'il en soit, c'est un délice d'ôter ses vêtements une fois par semaine pour profiter de la touffeur du sauna avant de se rouler dans la neige. De la bonne.

Grant n'a pas fini de parler que déjà un groupe de chercheurs armés de tarières et de mètres ruban se met à forer fébrilement la banquise aux abords du camp. « 1,50 mètre », clame Jaari, en agitant les bras. Timo et Erkko charrient leurs bouteilles d'hélium pour gonfler un ballon-sonde atmosphérique. Au loin, seul sur une congère immaculée, Georg met déjà en route un engin de sa conception qui ressemble à un canon téléguidé destiné à mesurer les dispersions du rayonnement solaire.

L'aventure a commencé.

En filmant la première colonne des chercheurs qui s'éloignaient péniblement dans la vapeur glacée en tirant de lourdes pulkas, j'ai compris que Tara était une aventure de Babel, une de ces entreprises universelles sans strass ni paillettes. Une aventure de la connaissance, guidée par l'engagement d'anonymes de toutes nations, parlant toutes les langues. Au sommet de la Terre, loin des projecteurs, j'ai rencontré des femmes et des hommes qui cherchent simplement la réponse à une question fondamentale : quel monde sera le nôtre demain ?

Laurent Marzec

Après avoir abandonné une thèse de biologie pour traverser les Pyrénées sur un « handbike » spécialement conçu, et fort de cette expérience, Laurent Marzec se consacre aujourd'hui à l'association qu'il a créée, Raid Nature Handicap.

De la mer à l'océan

par Laurent Marzec

Lourdement handicapé à la suite d'un accident de plongeon, Laurent Marzec a traversé d'est en ouest les Pyrénées, à la force des bras, sur un « handbike », avec la volonté pour seul moteur. Celle de réconcilier corps et esprit quand ce dernier se souvient qu'il a commandé un corps valide.

« Aucune carte du monde n'est digne d'un regard si le pays de l'utopie n'y figure pas. »

Oscar Wilde

« Tu veux un coup de main, Laurent ? me propose Sébastien.

— Non merci, cela devrait aller », rétorqué-je en poussant péniblement mon fauteuil roulant sur le sable de la plage de Saintes-Maries-de-la-Mer.

En ce petit matin de mai 2005, je tente d'atteindre un point de vue idéal pour contempler la mer Méditerranée. L'esprit vagabond et les yeux dans le bleu, je me retrouve quinze ans plus tôt, me remémorant un événement qui bouleversa ma vie dans cette même mer.

28 mai 1990, jeux de plage entre amis. Je m'élance pour effectuer un banal plongeon dans la mer, malheureusement bien trop haut et pas assez loin pour atteindre la poche de profondeur. Ma tête se cogne sur le fond, un petit craquement sec au niveau du cou et je me retrouve flottant entre deux eaux, conscient, mais le corps intégralement inerte. J'ai seize ans, je viens de me briser les cervicales… je suis tétraplégique.

Hospitalisation. Partagé entre désespoir et incompréhension, privé de mes fonctions motrices et sensitives, je m'adonne à mon passe-temps privilégié qui est de rêver. Tout objet est propice à alimenter mes songes, notamment ce poster des Pyrénées qui trône à côté de mon lit de malade. Flanqué de chaque côté de cette chaîne de montagne, je reconnais d'un côté la mer dans laquelle j'ai plongé pour ressortir impotent. Je l'assimile à un lieu de renaissance. De l'autre côté, l'océan auréolé de grandeur, d'inconnu, de mystère et d'appréhension : une certaine forme de maturité en somme. Entre les deux, cette montagne qui se dresse comme un obstacle, un large écueil destiné à éprouver le voyageur qui tenterait de joindre ces deux extrémités. C'est alors qu'une idée folle germe : le jour où mon corps retrouvera ses fonctions, je réaliserai ce grand voyage comme le symbole d'une revanche sur mon handicap. Promesse ô combien utopique compte tenu de mon état dont la tonicité rappelle celle du mollusque !

Les années passent, je récupère quelques bouts de moi-même et l'obsession de ce voyage me hante de plus en plus. Jusqu'à un soir de Noël 2003 où j'engage cette petite conversation avec mon cousin Sébastien :

« Dis, Séb, ça te dirait de m'aider à traverser les Pyrénées ?

— Oui, pourquoi pas, mais de quelle manière ?

— J'ai découvert un handbike et je crois qu'il me sera possible de l'utiliser pour faire la traversée d'est en ouest. »

Aussi simple que cela.

Nous nous mettons aussitôt au travail. Un an de préparation est nécessaire pour convaincre, rassembler le matériel, récolter les fonds et suivre un entraînement spécifique avec l'aide de médecins du sport. Je ne suis pas un sportif de haut niveau, je n'ai jamais franchi un col et j'ignore les difficultés qui m'attendent.

1er mai 2005, petit cérémonial : Sébastien et moi allons recueillir un peu d'eau de mer et du sable de la Méditerranée. Si tout se passe bien, nous réitérerons cette scène au bord de l'océan Atlantique, dans un mois. Pour le moment, je m'installe dans l'engin qui va me permettre de gravir ces cols. Il s'agit d'un handbike, un tricycle à traction manuelle comprenant un essieu à l'arrière avec deux roues plus une à l'avant, motrice et directrice. Une monture assez étonnante et intégralement adaptée à mon handicap.

Mes mains, dont je n'ai plus l'usage, sont fixées dans des coques en fibres de verre me permettant la préhension du pédalier. Le freinage se réalise à l'aide de mon unique jambe gauche valide qui actionne un frein hydraulique, tandis que le passage des vitesses se fait avec ma tête et mon coude droit. Nul besoin d'autres éléments pour faire avancer cette espèce de tricycle et, de toute façon, je n'ai plus de membres disponibles pour actionner quoi que ce soit. Sébastien quant à lui se chargera de conduire un camping-car qui sera notre camp de base et gérera toute la logistique. Lorsque je serai fatigué, je me reposerai sur ma bannette et repartirai de l'endroit même où je me serai arrêté. Par ailleurs, je n'accepterai aucune aide dans les montées. Telles sont les conditions du challenge à la mesure de mon objectif : repousser mes limites au-delà du possible.

Premiers coups de pédale qui m'arrachent de la plage en direction de l'inconnu. Une sensation de liberté très forte m'envahit, de même nature que celle de tout voyageur profane se lançant à corps perdu dans sa première aventure. Je suis enfin confronté à la matière de mes rêves, reste à savoir si je vais pouvoir les assumer. Je ne peux retenir un sourire naïf sur mon visage au fur et à mesure que j'évolue sur la route bordée de vignes. Semblable à une estampe japonaise représentant le Fuji-Yama, se dessine au loin la silhouette du mont Canigou. Je suis grisé. Tout est beau, merveilleux… un peu trop peut-être. Le gonflement de mon coude droit me rappelle durement que je m'attaque à un col pour la première fois de ma vie. L'effort que je fournis sollicite plus que de raison mes tendons bien trop fragiles pour ce labeur. Et le verdict tombe : tendinite. Nous n'en sommes qu'au deuxième jour de la traversée et mon moteur principal me lâche. Il faut réagir vite et de manière constructive. La question n'est pas « Est-ce que je peux continuer ? » mais « Comment dois-je continuer ? ». Cet incident est finalement une bonne chose car il me pousse à reconsidérer ma façon d'avancer et à ramener mon objectif à un niveau plus accessible. Le but n'est plus d'arriver en haut du col, mais d'abord au bout du virage, puis de recommencer, encore et encore. Sans précipitation. Faire preuve de patience, d'abnégation et résister à la douleur. Je ne dois pas courir contre le temps car il est mon principal allié.

Et nous nous surprenons à savourer ces kilomètres qui se déroulent avec une incroyable lenteur dans les montées, chaque tour de pédale rythmé par le tintement des cloches des vaches le long de la route. Les premiers névés m'incitent à une petite réflexion sur les distances. Il y a quelques jours seulement, j'étais encore au bord de la mer et maintenant, par la seule force de mes bras, je flirte avec les sommets. En lisant les cartes, parcourir de telles distances me paraissait énorme, irréaliste. Maintenant tout cela me semble dérisoire dès lors que je sépare soigneusement temps et espace. Ne pas avoir les yeux plus gros que le ventre, se concentrer sur l'instant sans brûler les étapes.

Ainsi, à chaque ascension de col, je rentre un peu plus en moi-même. Démarche introspective nécessaire à tout voyageur conscient que son corps doit être ménagé pour parvenir à la fin du périple. Chercher à le comprendre, repousser les limites avec raison. Ne pas tomber dans la caricature destructrice d'un effort inconsidéré qui anéantira toute potentialité. C'est sûrement cela faire preuve d'humilité envers soi-même. Au diable l'orgueil de la pure performance physique. Ce que je fais ne doit pas tendre vers l'exploit. Je suis un pèlerin en quête. Mais de quoi finalement ?

Se succèdent les jours selon un sempiternel programme : petit déjeuner énergétique et soins du coude et des mains écorchées par les orthèses ; puis en selle pour l'ascension d'un col et, quelque 40 kilomètres et cinq heures plus tard, repos. Pourtant chaque col a sa particularité, et suscite en moi un nouveau thème de réflexion. Des pensées qui évoluent avec le temps et l'expérience de la route. Je suis venu ici pour relever un défi physique, un challenge personnel qui m'aiderait à mettre le doigt sur mes préoccupations. Pendant toutes ces années où je me suis battu pour reconquérir mon corps handicapé, j'ai entrevu l'importance de la notion du couple corps-esprit. Finalement, la plus grande fracture n'est-elle pas l'impossibilité du corps à assouvir les désirs d'une âme qui se souvient qu'elle a autrefois « commandé » un corps valide ? La reconquête de soi, ne serait-ce pas de réconcilier ce couple corps-esprit plutôt que d'essayer simplement de recouvrer l'usage de mes membres ? Ces épreuves physiques que je m'inflige, tel Sisyphe poussant sa pierre en haut de la colline, sont là pour que je découvre mes nouvelles potentialités physiques. Je dois apprivoiser ce corps, l'écouter, le comprendre…

« Oh ! Dis ! Il est bizarre ton vélo ! »

Cette question chantée avec l'accent du pays me tire de ma rêverie. Le moins que l'on puisse dire est que Sébastien et moi ne passons pas inaperçus avec nos montures. Cette originalité est propice à rencontrer les gens du cru et à engager des discussions souvent anodines, parfois profondes. Les phrases timides lancées par ceux qui nous abordent cachent souvent la curiosité de connaître mon handicap et le désir de savoir ce qui nous incite à évoluer sur les routes de cette manière. Quelle importance notre défi peut-il avoir sur les gens ? Quel sens donnent-ils à nos actes ?

Et le périple continue :

Col de Port (1 250 m) : arrivée au sommet trempé par la pluie et frigorifié.

Col de la Core (1 395 m) : six heures d'ascension par 30 °C, épuisé par la chaleur déjà au premier tiers.

Col de Peyresourde (1 559 m) : long, très long…

Col d'Aspin (1 489 m) : redouté mais finalement agréable car très régulier.

Nous sommes à mi-parcours, les journaux locaux se font l'écho de notre aventure. Les visites sur notre site Internet, où nous relatons chaque soir l'étape du jour et le chemin à venir, augmentent significativement. Ainsi, aux rencontres hasardeuses succèdent celles attendues. Nous sentons le désir des gens de partager des expériences fortes avec nous. À l'image de cette jeune femme qui nous rattrape en voiture alors que nous entamons l'ascension du col du Soulor (1 474 m) : « Excusez-moi, je souhaitais vous remettre ce petit mot écrit par mes enfants pour vous donner du courage… »

Et de nous expliquer que leur papa tragiquement disparu il y a trois ans leur manquait beaucoup : « Ce que vous faites me donne enfin la force de me battre. Merci. »

Et elle repart.

Nous nous regardons, Sébastien la carte entre les mains et moi accroché à mon handbike, un peu embarrassés de toucher à ce point des inconnus. Notre pérégrination est souvent joyeuse, voire espiègle, nous ne cherchons surtout pas à donner des leçons. Mais nous commençons à entrevoir l'impact de ce périple et prenons conscience qu'il va bien au-delà de nous deux. Dès lors, notre aventure se transforme en un véritable désir d'échanger. Nous sommes en train de dépasser l'objectif un peu égocentrique que nous nous étions fixé. Le but du voyage ne serait-il pas finalement la rencontre de l'autre et le partage ?

Les cols les plus ardus sont maintenant derrière nous. Nous quittons les sommets minéraux et enneigés des Hautes-Pyrénées pour traverser les collines verdoyantes du Béarn et du Pays basque. Un rythme bien différent auquel il faut m'habituer car les petites collines que j'aborde sont en réalité semblables à des montagnes russes. Ma stratégie est de les descendre au plus vite et de profiter de l'élan pour avaler les montées.

Grâce à quoi je parviens à réaliser des étapes dépassant 60 kilomètres et à atteindre parfois plus de 70 km/h. En haut d'une colline, il m'arrive de sentir non sans étonnement l'air marin. Signe que nous sommes proches de ce but tant attendu : l'océan.

La dernière étape n'est qu'une folle chevauchée. Je fonce comme un cinglé sans faire la moindre pause et soudain… je l'aperçois. Nous sommes le 22 mai 2005. Il nous aura fallu 22 jours pour franchir 16 cols et parcourir les 680 kilomètres qui séparent Saintes-Maries-de-la-Mer de Saint-Jean-de-Luz.

Je suis enfin passé de l'autre côté du miroir. Pendant quinze ans m'a habité ce reflet de mon être traversant cette chaîne de montagne, comme un projet inaccessible. Justement inaccessible. J'ai placé la barre très haut pour rendre mes rêves inexorablement impossibles et pour pouvoir me rassurer en me disant : « De toute façon, je n'y arriverai pas. »

Et pourtant, je l'ai fait.

Me suis-je trompé durant toutes ces années ? Non, j'ai simplement mésestimé le potentiel qui habite chacun d'entre nous.

Celui de concentrer toute sa force et sa passion dans une épreuve dont on ressort incontestablement grandi.

Et maintenant, le doute. Dois-je désapprendre tout ce que je me suis fixé comme limite ? J'atteins l'inaccessible étoile comme on ouvre une porte qui débouche sur une galaxie. Cette épreuve réalisée est un rêve achevé, une nouvelle vie qui commence avec beaucoup d'optimisme et la possibilité de se dire que tout reste à faire. À commencer par l'ascension du col du Tourmalet lorsqu'il sera déneigé[1] !

Cette victoire ne s'est pas remportée toute seule : elle a été le fruit d'un véritable élan de générosité de nombreuses personnes motivées par l'envie de faire bouger les choses, attirées comme moi par le plus merveilleux des concepts : la Beauté.

---

1. Laurent Marzec, *À corps perdu, du handicap à la reconquête de soi*, Presses de la Renaissance, 2007.

Jacques Bothelin

Jacques Bothelin est pilote professionnel de voltige aérienne, assurant chaque année plus de cent vingt présentations dans une dizaine de pays, leader de patrouille acrobatique depuis vingt-six ans, champion du monde des patrouilles en 2000. C'est un des pilotes au monde ayant effectué le plus grand nombre de démonstrations aériennes dans sa vie (plus de 2 500), fait unique sans accident, même quand un volatile percute et fait exploser sa verrière à 550 km/h !

La musique du ciel

par Jacques Bothelin

La patrouille Breitling Jet Team, seule patrouille privée au monde volant sur jet, est aussi célèbre par ses spectacles aériens que la Patrouille de France. Grâce à un esprit d'équipe et de recherche de la perfection qui ne laisse aucune place à l'erreur, inculqué par son leader, Jacques Bothelin, ces saltimbanques des airs réalisent avec des machines volantes de quatre tonnes d'harmonieux ballets qui nous enchantent.

LA FUMÉE… TOP… On y va… Boucle. Les six jets bleus et jaunes, éloignés seulement de trois mètres les uns des autres, pointent leur nez vers le ciel dans un ensemble parfait.

À l'intérieur, les pilotes sont écrasés par la force centrifuge et supportent 4-5 G (sensation d'écrasement, si l'on pèse 80 kilos on a l'impression d'en peser 360 !). L'horizon bascule, le ciel, la terre se succèdent dans le champ visuel.

Nous sommes en vol à bord d'un des avions de la patrouille acrobatique Breitling Jet Team, seule formation civile professionnelle au monde volant sur jets.

Métier : réaliser des démonstrations de voltige aérienne en formation dans les grandes manifestations européennes (et quelquefois au-delà), meetings aériens, grands prix de formule 1, départs de courses à la voile…

Collègues de bureau : les patrouilles nationales comme la Patrouille de France.

Derrière ce ballet harmonieux de machines de quatre tonnes, réglé comme le concert d'un orchestre symphonique, qu'y a-t-il vraiment ? Qui sont ces hommes unis dans l'affrontement du risque suprême ? Quelle est leur motivation, leur entraînement ?

Jacques Bothelin, leader et créateur de la patrouille, donne ces réponses :

C'est d'abord la passion qui est notre dénominateur commun. Passion du vol, de la voltige, plaisir de partager cette passion au sein d'une équipe. Tous les pilotes, à part moi, ont réalisé une carrière de pilote de chasse dans l'armée de l'air. Pour eux, arrivés à la retraite (qui se prend très tôt), il est plus excitant de se retrouver équipier de cette patrouille sanglé dans le cockpit exigu d'un ancien jet militaire, plutôt que d'être dans un cockpit d'avion de ligne.

Mais notre métier est avant tout un métier de partage, car c'est un métier de spectacle où l'émotion artistique que nous essayons de communiquer à notre public au cours de nos démonstrations est une façon de dialoguer avec lui.

Partage aussi du travail et de l'effort pour l'équipe d'hommes au sein de la patrouille. Quelle que soit son expérience antérieure, un pilote arrivant chez nous doit être capable de se remettre en question, car c'est un long et dur apprentissage que de pouvoir faire partie d'un groupe d'avions qui évoluent à trois mètres les uns des autres à des vitesses allant de 100 à 650 km/h pendant les vingt-cinq minutes de notre show, à parfois seulement quelques dizaines de mètres du sol.

Partage de la recherche de qualité car si un avion recule de deux mètres pendant la démonstration, le public le verra même s'il n'est pas connaisseur, comme il remarquera la fausse note d'un orchestre sans être un musicien averti.

Partage du risque car l'erreur de l'un peut être fatale à l'autre.

Il faut avoir envie de donner le meilleur de soi-même à chaque démonstration, qu'il y ait 50 000 ou 100 000 spectateurs.

Chaque démonstration est pour nous différente : le site, le relief, l'aérologie font que le combat pour tenir sa place est chaque vol renouvelé avec chaque fois une forte valeur ajoutée humaine pour réaliser une prestation de qualité avec le maximum de sécurité.

Une saison de la patrouille commence fin mars. Les avions sortent de leur maintenance hivernale, au cours de laquelle toutes les interventions techniques qui devaient être effectuées au cours de la saison à venir sont anticipées afin de limiter l'indisponibilité (la patrouille dispose de huit avions au total pour pouvoir en faire voler six).

Les mécaniciens travaillent durement pour garantir la disponibilité et la sécurité des avions. Ils font ainsi totalement partie de l'équipe au même titre que les pilotes.

Le mois d'avril est consacré aux entraînements plus ou moins nombreux selon qu'un nouveau pilote est intégré à l'équipe, ou que l'on change ou que l'on ajoute des figures dans le programme. Chaque vol d'entraînement, comme chaque démonstration, est d'abord précédé d'un briefing fixant les objectifs de travail et au cours duquel, dans un but de concentration, le vol à venir sera décomposé mentalement, chacun vivant dans sa tête chacune des figures qu'il aura à réaliser avec, mot pour mot, chaque commandement radio et sa réponse.

« Renverse à droite et Calysto top », annonce le leader.

« Calysto en place », répond à l'issue du changement de formation tel ou tel pilote.

On appelle cela la musique, car c'est ce que l'on entendra sur la fréquence de travail de la patrouille ; les ordres transmis via la radio permettent ainsi d'anticiper les manœuvres ou de synchroniser certaines figures.

« Éclatement top-top-top. »

Aux ordres du leader, à chaque top, des avions se séparent selon des trajectoires prédéterminées.

Notre démonstration doit capter l'attention du public et ne pas le laisser décrocher pendant les vingt-trois minutes de notre show. Pour accentuer la perception sensorielle, les trajectoires sont soulignées par le fumigène (de l'huile de paraffine injectée dans le flux chaud du moteur). Les évolutions seront effectuées selon diverses musiques spécifiquement « calées ». Le commentaire saura informer les spectateurs mais aussi respecter le silence propice à ressentir l'émotion de l'instant. Lorsque nous volons, nos repères sont techniques, nous ne sentons pas le public, mais lorsque nous atterrissons, si les spectateurs sont mobiles et ont envie de nous applaudir, c'est gagné ; nous avons su transmettre notre message, notre passion, notre émotion.

Avant d'arriver à ce résultat, nous aurons multiplié ces vols d'entraînement pendant lesquels nous souffrons, tellement la concentration est forte, ajoutée aux accélérations pour obtenir de cette masse de 4 tonnes de ferraille les évolutions gracieuses que nous voulons réaliser. Il faut recommencer encore et encore pour imprimer dans notre système nerveux les automatismes qui donneront cette impression d'aisance. Chaque vol est filmé du sol. Nous travaillons pour la perception du spectateur, pas pour nous. Et la vidéo sera passée et repassée dans un débriefing collectif ou chacun prendra s'il en était besoin conscience de ses erreurs durant le vol, de ses imperfections, de ses hésitations (nous parlons là de quelques centimètres d'écart de position). Et si le ton est toujours amical, le groupe se chargera néanmoins de rappeler au fautif ses écarts.

Nous avons une chance fantastique d'être pilotes dans cette patrouille, car c'est, je le répète, la seule au monde à la fois professionnelle et civile à voler avec des jets. Cela ne serait bien évidemment pas possible économiquement sans le soutien et la confiance d'un sponsor qui identifie dans notre activité le message de valeur qu'il souhaite transmettre. En quelques mots, pas de sponsor, pas de patrouille !

Les avions que nous utilisons sont des Aero L39 Albatros de fabrication tchèque. Ils ont été produits à près de 3000 exemplaires du temps du bloc soviétique et se sont retrouvés en surnombre à la chute du Mur.

Nous avons donc eu la chance d'acquérir des avions ayant très peu servi et en parfait état technique. Nous l'aimons bien, notre L39, il représente le compromis idéal entre élégance, performance, fiabilité et coût d'opération… Même si faire voler un ex-jet militaire est de toute façon assurément une affaire de gros budget (alors imaginez six avions !).

Tout au long de la saison, de meetings aériens en manifestations diverses, nous nous déplaçons à bord de nos avions accompagnés de nos mécaniciens. La distance franchissable n'est que d'environ 1 000 kilomètres et donc si nous allons très loin, il faut s'arrêter pour faire le plein : l'escale minimum est de deux heures pour nourrir les six avions de la famille.

Mais depuis Dijon où nous sommes basés, la plupart de nos lieux de démonstrations sont atteignables d'un coup d'aile. Il nous arrive souvent de partir le matin, de nous rendre au bout de l'Europe, de faire notre démonstration, d'avitailler et de rentrer le soir même à Dijon. Magie du raccourcissement des distances.

Aussi, si nous connaissons bien l'Europe, nous en connaissons surtout les aérodromes et les hôtels. C'est un peu réducteur, mais nous ne sommes pas là en touristes, c'est un métier. Pour nous c'est un émerveillement toujours renouvelé que d'effectuer un jour une démonstration entre les parois abruptes d'une vallée alpine, et le lendemain de faire le même show au-dessus de la mer. Je ne me lasse pas non plus des extraordinaires lumières qui sont seulement visibles au soleil couchant au-dessus des nuages. Pur moment d'émotion esthétique réservé à ceux qui voient les nuages du dessus.

C'est tout cela notre vie de saltimbanques des airs. Une équipe de copains qui donnent le meilleur d'eux-mêmes pour tenter d'émerveiller et d'émouvoir au sens noble du terme un public qui, même s'il n'est pas connaisseur, ressentira spontanément l'harmonie de nos évolutions. Une équipe d'hommes qui aime être ensemble, voyager ensemble, échanger du plaisir avec ceux qui partagent notre passion même pour un instant.

Alors si vous croisez notre chemin, venez nous voir !

Évangéline Masson

Tout en menant des études artistiques et de relations internationales, Évangéline Masson s'est engagée très tôt dans des associations sur des missions humanitaires d'enseignement et d'animation. De sa rencontre avec Patricio Diez est né ce voyage sur les routes de l'Est.

Éveils sur les routes de l'Est

par Évangéline Masson

De Tbilissi à Chisinau, en passant par Douchanbe, Moscou et Vilnius, quinze ans après la dislocation de l'URSS, avec Patricio Diez, Évangéline Masson est partie à la rencontre de jeunes adultes de vingt à trente-cinq ans (artistes, hommes d'affaires, femmes au foyer, étudiants, agriculteurs ou encore ex-dissidents...) des quinze pays nés de l'implosion de l'Union soviétique.

SAMEDI 14 OCTOBRE 2000. Il est seize heures. Chisinau fête ses 540 ans. Patricio et moi fuyons l'agitation de la rue centrale Stefan cel Mare pour nous réfugier dans le bazar, étonnamment calme par rapport à hier. Nous avançons au hasard. Les étals débordent pour attirer l'œil du chaland. Au même stand, on trouve aussi bien de la lessive que du café lyophilisé, des ampoules, du sucre et du papier toilette... Dans cette profusion d'articles, nous achetons nos derniers souvenirs : un pèse-marchandise en cyrillique, vingt cierges à l'odeur si particulière des églises orthodoxes, des condiments pour plov et bortsch, du thé noir, un cornet de graines de tournesol empaquetées dans la page d'un vieux livre de chimie, deux bouteilles de vodka au piment et au miel, et des boîtes d'allumettes russes.

Dans quelques heures, nous quitterons la Moldavie ; terme d'une aventure à travers l'ex-URSS commencée il y a dix mois. Par un matin humide de décembre, nous arrivions en Géorgie. Je m'en souviens comme si c'était hier.

En remontant lentement vers la grille du poste frontière, le long des camions qui attendaient sous une bruine glacée d'entrer en Géorgie, me revenait ce moment où l'idée folle de prendre la route nous était venue. C'était en novembre. Il y a un an.

Depuis quelques jours, la révolution Orange battait son plein dans la capitale ukrainienne. Une année plus tôt, les pays baltes adhéraient à l'Europe. Le vent tournait à l'est. Nous devions être là-bas. S'en sont suivies la préparation d'un voyage à l'aveuglette et de longues soirées, allongés sur le linoléum noir de notre petit appartement parisien, à regarder le monde aplati sur une carte. Mes doigts parcouraient les mers, les routes, les frontières ; j'étais loin d'imaginer qu'un jour nous traverserions réellement ces tracés frontaliers. Les jours passaient et l'itinéraire de notre projet « Éveils sur les routes de l'Est » prenait corps. Parcourir les quinze pays nés de l'effondrement du bloc soviétique à la rencontre des jeunes, tel était notre objectif. Si le 11 septembre 2001 a éclipsé les dix ans de l'implosion de l'URSS, il ne fallait pas que les quinze ans de la fin de l'Union soviétique se passent sans Patricio et moi. Un paquet de cigarettes françaises en poche et nos passeports décorés des visas d'Asie centrale étaient nos seules promesses d'atteindre le Kazakhstan. Après, le voyage déciderait.

« *Amerikanski* ? »

La voix désagréable d'un militaire géorgien me tire de mes pensées. Les yeux braqués sur sa kalachnikov, Patricio répond timidement : « *Niet, Franzouski.* »

Un large sourire illumine son visage et d'un geste de bienvenue, il nous ouvre la porte grillagée. Trempés, gelés et un peu désorientés, nous passons notre première frontière, à pied, comme nous l'avions rêvé.

Quelques jours plus tard, le voyage nous submergeait. Entre vin, cognac et pétrole, le Caucase nous berçait. Après avoir fêté le nouvel an à Tbilissi, s'être réchauffés dans les bars enfumés d'un Erevan sous la neige et avoir retrouvé en Azerbaïdjan le parfum sucré du thé des *tchaïkhana*, l'Asie centrale nous tendait les bras. Narguiza, une amie rencontrée trois ans plus tôt, nous attendait à Andijan dans le Ferghana ouzbek. Nous avions prévu de nous retrouver chez ses parents. À l'époque, je ne savais pas à quel point ces retrouvailles de printemps allaient me troubler.

Ne pouvant nous recevoir chez elle, Narguiza me rejoint pour le thé chez ses parents qui habitent une belle maison traditionnelle du centre. On distingue sur la théière, comme sur toutes celles d'Ouzbékistan, la fleur de coton, l'emblème national. D'une main gracieuse, Narguiza prépare le thé. Par trois fois, elle le mélange et le purifie en versant une larme de thé dans un bol et en reversant le contenu du bol dans la théière. De la main droite, elle me tend une bolinette tandis que sa main gauche soutient son coude d'un geste délicat. Narguiza est une jolie brune au regard espiègle. Nous nous observons, émues. Incapable de parler, j'attends que le silence se perde. Soudain, comme si elle attendait cet instant depuis longtemps, elle commence à me décrire sa nouvelle vie, débitant un flot de paroles que rien ne peut arrêter. Mariée depuis quatre mois, elle subit sans révolte un mari indélicat, Nodirbek, dernier de famille. Narguiza m'explique qu'elle est donc obligée de vivre chez ses beaux-parents qui la surveillent en permanence et la pressent d'avoir un enfant. Tous les jours, elle doit se lever à cinq heures du matin pour nettoyer la cour avant de rejoindre le lycée où elle enseigne. Le soir, elle prépare le dîner, fait la lessive à la main, corrige ses copies et prend soin de son mari. Les larmes lui montent aux yeux lorsqu'elle évoque, sans pudeur, leurs relations dénuées de tendresse et les gifles qu'elle reçoit. Dans un murmure, elle avoue avoir pensé divorcer. Elle s'interrompt aussitôt. Un sourire enjoué parcourt ses lèvres légèrement maquillées. Elle tient à me rappeler les bonnes manières d'une femme du Ferghana : la position des doigts autour de la bolinette à thé selon que l'on est célibataire ou mariée, le bol à moitié vide pour inviter l'hôte à rester ou plein pour le pousser à partir, le pain à l'envers qui porte malheur… Ses boucles d'oreille de pierres roses serties d'or, signe de femme mariée, dansent à chaque mouvement de son triste visage. Narguiza est très belle. Ses yeux noir d'ébène comme ses cheveux relevés font rêver plus d'un homme en ville. Elle avait même un amoureux qu'elle aurait aimé épouser si Nodirbek n'était venu demander sa main. La vie en a décidé autrement. Soumise à sa tradition, Narguiza espère que le temps adoucira son quotidien.

Sur les conseils de Nodirbek, nous partons nous promener dans le nouveau bazar du centre d'Andijan, construit il y a un an. Sagement alignées, des échoppes aseptisées de plastique proposent vêtements, robes traditionnelles en atlas, affriolants sous-vêtements chinois et copies de marques occidentales. Narguiza est un peu excitée. Aujourd'hui elle doit choisir une tenue pour son mari et elle ; la coutume voulant que ses parents leur offrent un ensemble pour la fête du printemps, Novruz. Une tradition parmi d'autres pour les parents de la fiancée pour lesquels un mariage signifie souvent l'endettement. Narguiza le sait. C'est pour cela qu'elle ne divorcera pas, son père ne pourrait payer un second mariage. Outre la cérémonie, les musiciens, le repas pour tout le quartier, la dot à exposer aux yeux de tous, ainsi que les cadeaux à faire au couple après son installation, les sœurs de Narguiza ont dû, durant les trente jours qui ont suivi la noce, fournir aux beaux-parents de leur sœur les trois repas quotidiens. Pourquoi ? Simplement parce qu'une jeune épouse ne peut, le premier mois, se consacrer à la fois à son mari et à la préparation des repas nécessaires à sa belle-famille.

Agacé par les hésitations de sa femme à choisir une toilette, Nodirbek entraîne Patricio dans une gargote adjacente au bazar. Nous les rejoindrons dès que nous aurons trouvé quelque chose. Après le départ de son mari, Narguiza se détend. Elle me complimente sur Patricio, s'étonne de sa délicatesse et de la liberté qu'il me laisse. Je n'ose répondre. Narguiza m'avoue être partagée entre l'envie et l'admiration lorsqu'elle nous observe Patricio et moi. L'image idéale que donne notre couple moderne, loin des réalités ouzbèkes, la perturbe. Ce matin, ne m'a-t-elle pas dit que nous lui faisions penser à un couple de Bollywood ?

De retour chez ses parents, Patricio et moi décidons, après avoir longuement réfléchi, de nous efforcer d'adopter une autre attitude en présence de Narguiza. Patricio feindra d'être machiste, et moi d'être docile, et nous essaierons de ne pas afficher nos sentiments devant Narguiza. Ainsi, nous tenterons de préserver cette jeune fille d'un modèle de liberté à l'occidentale qui lui est interdit et de ne pas l'entraîner dans une révolution intellectuelle dont elle ne pourrait assumer les conséquences.

Nous n'avons pas le temps de mettre en œuvre ces résolutions. Les autorités de la ville, au courant de notre présence, nous croient journalistes. Aussi un cousin de Narguiza, policier au service de l'immigration, conseille-t-il à son père de nous renvoyer de chez lui afin d'éviter les problèmes. D'autant plus que leur maison jouxte la prison, lieu emblématique des violences du fameux 13 mai 2006, où le président Karimov a donné l'ordre de tirer sur les manifestants qui avaient osé se soulever contre le pouvoir. Depuis, les étrangers ne sont pas les bienvenus. Hier, nous trinquions en famille, aujourd'hui nous sommes des parias. Je suis anéantie. Les larmes aux yeux, la mère de Narguiza me demande de revenir dans quelques années lorsqu'un nouveau régime sera instauré. Nous faisons notre sac, désarmés. Alors que, jusqu'à présent, l'étranger était accueilli comme un fils prodigue par les Ouzbeks, aujourd'hui, le gouvernement interdit à une famille de lui ouvrir sa porte.

L'hôtel Andijan où nous nous installons donc pour attendre la fameuse fête du printemps est sombre. Notre chambre minuscule nous étouffe encore un peu plus. Narguiza vient nous y retrouver, malgré l'interdiction de sa belle-famille. Elle n'a rien à perdre, me dit-elle. J'aurais dû la renvoyer chez elle, mais il est trop tard. Un policier en civil nous suit et lui demande de ne pas nous revoir. Tremblante, Narguiza nous quitte, sans se retourner. L'atmosphère est devenue insoutenable. Sans une parole, nous refaisons nos sacs et quittons la ville. Nous ne voulions pas faire de politique, mais, à Andijan, la réalité nous a rattrapés.

Le train pour Bucarest est quasiment vide. Seuls dans un compartiment de six places, nous nous installons sur les banquettes du bas. Avec l'eau bouillante du samovar fumant en tête de wagon, nous nous préparons un café lyophilisé. Le train démarre. Doucement, je me laisse envahir par le son régulier d'essieux et de rails devenu si familier depuis notre traversée russe en Transsibérien, cinq mois plus tôt. À l'époque, après les bergers kirghizes et les démineurs tadjiks dont nous avions partagé le quotidien, Moscou nous était apparue comme la mégalopole capitaliste par excellence et Saint-Pétersbourg, une cité ni russe ni européenne. Pourtant, c'est dans cette « ville-musée » que Kostia, un jeune designer de vingt-cinq ans aux cheveux longs et carré d'épaules, nous a prêté le parquet de son studio. Une manière comme une autre de nous ouvrir son histoire.

Comme de nombreux jeunes sans parents en ville et avec trop peu de revenus pour avoir leur propre logement, Kostia et son amie Xenia vivent dans un vieux *kommunalka*, un de ces appartements communautaires des années cinquante. Chaque locataire a sa chambre et partage cuisine et salle de bains avec les autres, ici une vieille *babouchka* et quelques ouvriers. Devant la porte du *kommunalka* de Kostia et Xenia, quatre sonnettes traficotées sont fixées maladroitement sur le montant de la porte poussiéreuse. Aucun nom, simplement des numéros écrits à la craie ou au marqueur. Une sonnette par famille, lorsque le bricolage fonctionne. L'appartement communautaire de nos amis est le dernier de l'immeuble. Au rez-de-chaussée, une porte blindée neuve laisse supposer un loft moderne aménagé pour un *businessman*. Il doit y avoir un home cinema et un jacuzzi, éléments indispensables aux standards de la réussite russe. Les expatriés et les nouveaux riches rachètent de plus en plus de *kommunalky*, pièce par pièce, et transforment à coup de chèques les anciens logements soviétiques en appartements chics. Les investisseurs immobiliers louchent d'ailleurs avec impatience sur le résidu soviétique où vivent Kostia et Xenia.

À quelques kilomètres du quotidien de Kostia, les pays baltes, jeunes membres du club européen.

Alors que, pendant deux générations, Tallin, Riga et Vilnius regardaient vers l'est, en 1991, les regards se sont brusquement tournés à l'ouest. Volte-face sans précédent. Mais les drapeaux bleus étoilés au-dessus des nouvelles routes d'asphalte ne peuvent faire oublier un demi-siècle d'occupation. De ce côté-ci du monde, l'URSS est synonyme de domination et de destruction. Alors que Moldaves, Russes et Kazakhs regrettent l'amitié des peuples et les valeurs du soviétisme, Estoniens, Lettons et Lituaniens ne se souviennent que des purges et des déportations. Pour digérer les souffrances endurées, l'Estonie et la Lettonie bâtissent des musées de l'Occupation et la Lituanie a inventé un Disneyland au pays des Soviets.

À l'extrême sud du pays, au milieu d'une forêt aux airs de Sibérie, le parc Grütas dérange. C'est là que, depuis 1998, Vilimius Malinauskas, milliardaire du champignon en conserve, offre une nouvelle vie aux statues monumentales du soviétisme : entre le premier leader soviétique lituanien Kapsukas et le créateur du goulag Dzerjinski, on retrouve les indémodables Lénine et Staline. Déboulonnées des places publiques au début des années quatre-vingt-dix, les statues litigieuses sont aujourd'hui exhibées dans un Sovietland des temps modernes. Devoir de mémoire ou exploitation commerciale ? Après le wagon à bestiaux de l'entrée, le visiteur est bercé par une musique de propagande diffusée par des haut-parleurs dissimulés dans les bouleaux. La visite se poursuit entre miradors, barbelés et baraquements de déportés devenus salles d'exposition. Symbole du communisme enterré ou nostalgie malsaine d'un fils de déporté ? Les journalistes et les politiques s'interrogent encore.

Nous sortons de ce parc abasourdis ; nous n'avons aperçu que ce qui subsiste encore dans les rues du Tadjikistan ou sur les places de Russie. Et nous nous rappelons les étoiles soviétiques du Pamir et les Lénine de Moscou aux pieds desquels des rebelles font du skateboard. Dans le parc Grütas, nous avons goûté pour 20 centimes à un verre d'eau gazeuse aromatisé au sirop de rose tiré d'un distributeur soviétique comme il en traîne à chaque coin de rue en Ouzbékistan. Pour la première fois depuis le début de notre aventure en ex-URSS, nous avons sous les yeux l'incarnation des héritages et des souvenirs que nous percevons dans les regards de nos interlocuteurs. Ici, le legs du soviétisme est au musée ; là-bas, il est dans la rue.

Par la fenêtre du train qui nous entraîne loin des terres post-soviétiques, les paysages défilent. La préposée du wagon distribue à chaque voyageur un jeu de draps et une petite serviette blanche. Nous déroulons les fins matelas rayés pour recouvrir les dures banquettes afin d'y faire nos lits. Dans un instant, nous entrerons en Roumanie. Avant de quitter l'Ukraine et de finir notre boucle par la Moldavie, Vladimir et Anna nous ont invités à passer une journée à la datcha. Quelle joie de pouvoir enfin goûter au plaisir dominical de l'*homo sovieticus* par excellence.

Vladimir et Anna sont les parents de notre amie Natalia qui vit actuellement à Paris, la première qui, nous racontant son URSS et son enfance, nous a donné envie de parcourir l'ancien territoire soviétique. Vladimir et Anna vivent dans la banlieue de Kiev. La soixantaine chacun, toujours attentifs l'un envers l'autre, ils sont de ces couples âgés qui émeuvent. À notre retour de Yalta, ils nous ont accueillis comme des enfants, aussi curieux de nous que nous le sommes d'eux.

Par un dimanche ensoleillé de septembre, nous suivons Vladimir et Anna vers leur datcha. Ni villa de vacances ni maison de campagne, une datcha est une résidence secondaire située dans les environs des centres urbains. Traditionnellement, on y entretient un potager. Celle de nos amis ukrainiens est à une heure de Kiev. Assis dans leur Lada bleue modèle 2107, *la* voiture du peuple soviétique par excellence qu'ils présentent avec un clin d'œil comme leur Mercedes, nous quittons Kiev. Les faubourgs disparaissent. La route s'enfonce dans les champs, pourtant les datchas sont rarement en pleine campagne. Hormis quelques datchas en Sibérie, la plupart sont situées dans des « résidences » de datchas. La ruelle de Vladimir et Anna comprend 56 rectangles délimités, soit 56 datchas coincées au milieu de plus de 250 autres. L'alignement et l'accumulation des parcelles sont les premières choses que remarquent nos yeux d'Occidentaux. Un grillage sépare les jardinets, et le plaisir d'un dimanche à la datcha est le même pour toutes les familles. Les Soviets auraient-ils réussi à standardiser le bonheur ?

Le vent a tourné depuis les années quatre-vingt. Et les différences sociales se sont creusées. Devenues lieux de villégiature pour les plus aisés, les datchas sont toujours synonymes de revenus supplémentaires indispensables pour les foyers modestes. Tandis que les nouveaux riches creusent des piscines dans l'herbe verte de leur terrain, les retraités font l'aller-retour en bus pour entretenir leur potager et vendre des pommes de terre au bord de la route.

La datcha de Vladimir et Anna n'a rien de bourgeois. Il y a l'électricité mais pas l'eau courante. Dans le jardin, une pompe à main puise à une source à plus de 20 mètres de profondeur et des toilettes électriques ont été aménagées à l'écart. Bricoleur astucieux, Vladimir a installé une douche dans la remise où l'on fait sécher le bois de chauffage ; une grosse résistance plongée dans un bac d'eau sur le toit chauffe le contenu du réservoir en trente minutes. Outre deux pieds de vigne à l'entrée du garage, le jardin est rempli d'arbres fruitiers. En cette fin d'été, les noyers donnent leurs derniers fruits alors que la saison des cerises est finie. Quelques tomates sont vertes ; Anna les ramassera pour faire des conserves. Nous sommes en septembre, le mois où l'on coupe les fruits pourris et où l'on arrache les oignons des fleurs. Selon l'habitude familiale, j'aide Anna à installer la table sous les pruniers. Vladimir et Patricio activent le barbecue. En attendant que les bûches se consument, nous préparons de larges *chachliks* d'oignons et de viande de bœuf marinée. Nous grignotons concombres et tomates et sirotons un doux vin moldave. Le déjeuner passe doucement, semblable à tous ces festins partagés en famille et entre amis qui ont ponctué notre aventure. En rentrant sur Kiev, malgré l'uniformisation des datchas, nous aurions presque eu envie d'acheter une parcelle de terrain.

Le train Chisinau-Bucarest s'arrête. Il fait nuit. Je quitte notre compartiment pour fumer une cigarette sur la passerelle qui nous sépare de la locomotive.

Avant de passer la frontière roumaine, il faut changer les boggies. La largeur des rails n'est pas la même sur le territoire post-soviétique et en Occident. Un dispositif ingénieux élève notre wagon dans les airs afin que des mécaniciens le fixent sur des essieux moins larges. Nous avions presque oublié que rien n'était pareil d'un côté et de l'autre du monde soviétique.

De Kutaisi à Nisporeni, nous avons traversé plus de quinze pays qui, quinze ans plus tôt, apparaissaient, aux yeux de nombreux Occidentaux, comme un bloc inaccessible. À chaque rencontre, les confidences pudiques de nos interlocuteurs se mêlaient à cette joie si particulière de constater que, enfin, quelqu'un de l'Ouest se préoccupait de leurs vies pourtant dénuées d'intérêt à leurs propres yeux. Parfois, de longs silences emplis de larmes étaient plus éloquents que n'importe quel discours. Les incompréhensions, les questions maladroites et les souffrances resurgissaient. Et chaque jour, nous prenions conscience que, sans rencontre, un voyage ne vaut rien.

Kenneth Crutchlow

Directeur de l'Ocean Rowing Society, Kenneth Crutchlow est la mémoire de toutes les grandes premières à la rame, sur tous les océans. Depuis près de dix ans – après la disparition de Peter Bird (1996) – il préside au trophée du même nom, qu'il a créé pour récompenser la persévérance dans l'esprit d'aventure, décerné en 2006 à Oliver Hicks.

La Virgin Row d'Oliver Hicks

par Kenneth Crutchlow
traduit de l'anglais par Cécile Bruel

L'été 2005, le jeune Anglais, Oliver Hicks, quitte le port de New York pour une traversée à la rame de l'Atlantique Nord jusqu'en Grande-Bretagne, sur un petit bateau en bois de 7,20 mètres.

126 jours de mer, quelques ouragans et des millions de coups de rame plus tard, il est accueilli par le futur roi d'Angleterre et son sponsor, Sir Richard Branson, venus saluer cette grande première.

Assis au Corinthian Yacht Club, je profite du magnifique spectacle de San Francisco lovée au fond de la baie. Un voile de brouillard est suspendu au-dessus de la ville. Je suis ici aujourd'hui pour dire au revoir à Erden Eruc, premier rameur turc à avoir réussi la traversée de l'Atlantique et qui s'apprête à partir pour une transpacifique qu'il sera également le premier Turc à réaliser.

J'ai assisté à un grand nombre de départs et d'arrivées de rameurs ; la première fois, en 1969, quand John Fairfax a touché la terre à Hollywood Beach (Floride) au terme d'une traversée de l'océan Atlantique de 180 jours qui a fait de lui le premier homme au monde à avoir traversé un océan en solitaire à la rame. Quand il était parti, le *Times* de Londres lui avait consacré un éditorial où il était écrit que Fairfax n'avait à peu près aucune chance de survivre à cette tentative ; le journaliste ne pouvait imaginer qu'il fût possible de traverser l'Atlantique à la rame en solitaire bien que, deux ans auparavant, John Rigdway et Chay Blyth aient réussi cet exploit entre Cape Cod (Massachusetts/États-Unis) et l'Irlande.

Il y a deux ans, en 2005, je regardais New York City depuis la côte du New Jersey, j'étais là pour voir partir le Britannique Oliver Hicks pour ce qui allait être un exceptionnel exploit : la traversée transatlantique d'Amérique en Grande-Bretagne.

Le point commun de tous les départs auxquels j'ai assisté est cette sorte d'excitation souvent manifeste de la peur ou du moins de l'appréhension qui habite et le rameur et les siens.

Pour Oliver, toute sa famille était avec lui au Yacht Club d'Atlantic Highlands (New Jersey). Je déconseille toujours aux parents et en particulier aux mères d'assister au départ pour l'évidente raison qu'à un moment, ils prennent conscience qu'une fois leur fils (ou l'être aimé) parti, ils ne le reverront peut-être jamais. Il est vrai que, depuis 1969, sept rameurs ont péri en mer. Ils étaient âgés de vingt-et-un à soixante-cinq ans. C'est, on le comprend bien, au moment du départ, quand le rameur regarde le large, qu'il prend vraiment la mesure de l'enjeu.

Gérard d'Aboville a résumé ainsi ses sentiments sur le sujet : « Je n'ai pas conquis le Pacifique, il m'a laissé passer. Quand j'affirme que ma liberté a plus de valeur que tout, j'accepte aussi le revers de la médaille, en particulier, j'assume la responsabilité de mes actions et de mes choix et ce, sans aucune restriction. Ce voyage à travers le Pacifique Nord est pour moi l'ultime engagement car en franchissant la ligne de départ je savais que je risquais tout. La vraie responsabilité, l'exercice extrême de la liberté est de savoir que l'échec vous expose au châtiment capital, la mort. C'est en soi suffisant pour me faire sentir le poids de ce que je fais. Tout le reste n'est que littérature… »

« J'ai choisi l'océan comme terrain de confrontation, comme terrain de bataille, écrit encore d'Aboville, car l'océan, c'est la réalité dans ce qu'elle a de plus dur, de plus exigeant. Pour lutter contre son pouvoir terrifiant, les valeurs humaines telles que l'intelligence, l'expérience et une inflexible volonté de vaincre sont mes armes ».

Pour tous les rameurs transocéaniques, parvenir à la ligne de départ est déjà une victoire. Certains ont même dit que le chemin jusqu'au départ était aussi difficile que la traversée proprement dite.

En ce qui concerne Oliver, il m'avait rendu visite à Londres, il y a plusieurs années, pour me faire part de son désir de relier New York au Royaume-Uni en bateau à rames ; je lui avais alors conseillé de commencer par une route plus chaude, comme celle qui relie les Canaries aux Caraïbes. On se souvient des images effrayantes de *Perfect Storm* : une mer glacée, des vagues gigantesques, des conditions d'une dureté hallucinante, un portrait assez peu engageant de l'Atlantique Nord qui n'a pourtant pas dissuadé Oliver.

Il a maintenu envers et contre tout que sa décision était prise et qu'il voulait être le premier à faire cette traversée en solitaire par cette route. Précisons qu'à l'époque, il avait dix-sept ans. Nous avons longuement discuté, et je lui ai poliment suggéré de grandir, de naviguer et de revenir me voir pour que nous reparlions de son projet.

En 2004, quelques années plus tard, à ma grande surprise, il est effectivement revenu me voir. Il avait suivi les cours de navigation de la Royal Yacht Association, avait été membre de l'équipage d'un yacht qui avait traversé l'Atlantique, et avait participé au Marathon des Sables et au Yukon River Quest, la plus longue course de kayak du monde. Et il avait toujours l'intention de traverser l'Atlantique à la rame de New York jusqu'en Grande-Bretagne. Sa détermination m'a fortement impressionné, j'ai senti que j'avais devant moi un jeune homme volontaire, motivé et sincère.

Je ne vous surprendrai pas en disant que le premier signe de détermination de quiconque veut traverser un océan est d'acquérir un bateau. C'est ce qu'Oliver a fait. Il a acheté un modèle, dessiné par Phil Morrison, reconnu comme un excellent bateau à rames, le plus utilisé pour les traversées transocéaniques. Après avoir acheté le bateau, il a fallu le transformer pour un voyage de plus de 100 jours, durée estimée de la traversée.

Lors d'une manifestation nautique, le rameur Peter Bird avait déclaré : « Imaginez que vous allez partir pour un voyage de 100 jours. Installez-vous dans votre salle de bains et pensez à ce que vous devez faire entrer dans cette pièce, à savoir, tout ce dont vous allez avoir besoin pour la durée de la traversée : la nourriture, l'eau, les moyens de communication… tout ce qui vous sera utile

Salto Angel : Amazonian Vertigo.
(Stéphanie Bodet)

Un homme blanc chez les hommes bleus,
Touaregs du désert. (Guy Duhard)

Tara : future station balnéaire du Pôle ? (Michael Pitiot)

De la mer à l'océan.
(Laurent Marzec)

D.R.

La musique du ciel. (Jacques Bothelin)

Éveils sur les routes de l'Est.
(Évangéline Masson)

D.R.

La Virgin Row d'Oliver Hicks.
(Kenneth Crutchlow)

Seule avec les nomades du sel.
(Blanche de Richemont)

© Stéphane Dugast

Dans les pas de Paul-Émile Victor,
l'aventure polaire. (Stéphane Dugast)

© Stéphane Dugast

Ararat, la montagne des origines.
(Édouard Cortès)

Il y a 100 ans : la première course automobile Pékin-Paris. (Chantal Edel) D.R.

pour traverser l'océan. Très rapidement, le chargement atteint une tonne. »

Une fois le bateau acheté, Oliver l'a fait transporter dans le Suffolk où il a été remis en état et aménagé. Au fur et à mesure de l'avancement des travaux, Oliver a pris de plus en plus confiance en son bateau. Seule cette confiance permet aux rameurs de garder leur sang-froid à l'approche d'une tempête. Le bateau est et doit être une sorte de cocon pour le marin. Il doit se comporter comme un bouchon de liège sur l'eau, montant et descendant au gré des vagues même les plus violentes. Néanmoins, quand une forte vague vient s'écraser sur la cabine, vous comprenez ce que signifie la puissance de l'océan. C'est vraiment à ce moment que la confiance dans le bateau est cruciale.

En 2005, les prévisions des météorologues faisaient état d'un nombre d'ouragans au-dessus de la normale dans l'Atlantique. Elles annonçaient entre douze et quinze tempêtes tropicales dont sept à neuf devaient se transformer en ouragans. Interrogé avant son départ sur l'éventualité d'être pris dans un ouragan, Oliver a répondu : « Pas de problème tant que je ne suis pas dans son œil. Peut-être même que ça me fera avancer plus vite… Un ouragan, ce qui importe c'est d'être averti de son arrivée et de s'y préparer. Il suffit de tout attacher. J'ai une entière confiance en mon bateau. J'ai déjà été confronté à une tempête tropicale, mais c'est vrai, j'étais sur un gros bateau de course de 70 pieds… »

Oliver s'est démené comme un forcené pour trouver un sponsor. De l'avis de tous, il ne sert pas à grand-chose d'envoyer un courrier à la direction de la communication de milliers de sociétés leur demandant une participation de quelque nature que ce soit – oublions le vrai sponsoring. C'est ce que je disais à Oliver précisant, en, particulier, d'économiser le prix d'un timbre pour solliciter Richard Branson, patron de Virgin, car c'est le premier vers qui se tourne systématiquement tout aventurier à la recherche de financement. La réponse d'Oliver et la façon tellement naturelle de l'exprimer m'ont complètement sidéré : « Mais c'est déjà fait, Branson est mon sponsor. » Oliver avait bénéficié d'une recommandation personnelle auprès de Sir Richard Branson qui s'était révélée payante. Il avait l'appui financier de Richard Branson, président de Virgin Atlantic. Le bateau d'Oliver s'appellerait donc *Virgin Atlantic.*

Il va sans dire qu'un tel financement facilite la préparation du voyage.

La sécurité n'admet aucun compromis. Et si un budget serré a de fortes chances de transformer l'aventure en désastre, un budget confortable n'est pas forcément gage de réussite. Une préparation exemplaire et une recherche sans restriction de la sécurité sont absolument nécessaires. Autant que je sache, Oliver s'est magistralement préparé physiquement et psychologiquement avec, pour exemple, ces deux mois passés seul sur la côte atlantique anglaise pendant l'hiver 2004-2005.

Le 27 mai 2005, Oliver quitte l'Atlantic Highlands Yacht Club pour une traversée à la rame de 4 500 milles. Faisant montre d'une ambition sans faille teintée de naïveté, et d'un courage exceptionnel, le rameur s'élancera par la route nord, itinéraire rarement choisi pour ce genre de traversée en raison de sa très grande difficulté. « Olly » – c'est ainsi qu'on l'appelle – est le plus jeune rameur à entreprendre la traversée dans le sens États-Unis/Grande-Bretagne. Il s'attaque donc à la première mondiale dans le domaine de la rame.

Il tournera dix-sept heures de prises de vue dont sera extrait un film présenté au Festival du film d'aventure de Dijon en 2006, qui vaudra à Oliver le trophée Peter Bird, trophée qui récompense la ténacité et la persévérance d'une aventure. Le film sera également primé à Moscou en 2007.

Le mauvais temps qui tient parfois Oliver confiné plusieurs jours dans sa cabine, la douleur dans son corps, la rage et la frustration de se voir repousser vers les côtes américaines, l'angoisse et l'inconfort des douze heures quotidiennes assis les rames dans les mains et ce, pendant 120 jours, tels sont les personnages du film.

« La tempête persiste, je n'ai presque plus d'eau mais avec ce temps, je ne peux pas utiliser le désalinisateur… J'aime me tenir debout face à la poupe et regarder les vagues s'éloigner à l'arrière. J'ai l'impression d'être au sommet du monde, entouré de vagues... on a toujours peur qu'elles ne viennent se fracasser sur la cabine mais elles le font rarement... Je n'ai rien à faire, juste rester allongé et rêver... la tempête m'a fait bien progresser mais c'est au détriment de mon équilibre mental... je ne suis pas certain que ce soit un bon "deal", l'océan a plus de miles que je n'ai de fusibles... »

La route d'Oliver suivait le Gulf Stream et le courant d'Atlantique Nord. Il avait espéré que ces deux propulseurs naturels lui donneraient un coup de pouce. Coup de pouce ou pas, la réalité de la situation restait la même. Sa progression était LENTE.

Le Gulf Stream n'est pas une rivière qui parcourt calmement l'océan et un bateau à rames qui vogue au ras de l'océan est beaucoup plus soumis à l'action du vent qu'à celle du courant. Les vents dominants dans cette partie du globe vous renvoient majoritairement vers l'ouest, donc vers les États-Unis et rarement vers le nord, mais ils peuvent aussi vous entraîner dans toute autre direction sauf, bien sûr, celle dont vous auriez besoin.

Hormis l'extrême fatigue physique d'Oliver, ses réserves alimentaires s'amenuisent. Il est courant d'entendre que le ciel protège les intrépides, Oliver dans sa traversée de l'Atlantique en est la parfaite illustration. Un navire de la Royal Navy le repère, prend contact avec lui et lui apporte les vivres qui lui permettront de terminer son voyage jusqu'aux îles Scilly et d'être le premier homme à avoir traversé l'Atlantique en solitaire de New York aux îles Britanniques. C'est une réponse magistrale au scepticisme, au-delà de la performance sportive, et celui qui pose le pied sur les côtes anglaises, quatre mois après avoir quitté New York, n'est plus le même.

Oliver aurait pu, comme beaucoup de jeunes, accrocher ses rames sur le mur de sa chambre et se lancer dans la vie professionnelle. Mais il n'en est rien. Il rêve d'une nouvelle aventure : partir de Nouvelle-Zélande, faire le tour du continent antarctique et revenir en Nouvelle-Zélande, tout cela dans un bateau à rames bien sûr… Une grande première, en plus.

Que manque-t-il à sa vie ? Que manque-t-il au monde moderne qui pousse tant d'aventuriers à prendre tant de risques sans recherche de reconnaissance ?

Est-ce pour retrouver un lien avec nos origines et avec les premiers hommes pour qui l'aventure n'était pas un jeu mais une question de survie ? Ou est-ce plus simplement un acte de foi ?

Nous pourrions nous contenter de devenir plus grands, plus forts, plus intelligents, de vivre plus vieux, de jouir d'un confort grandissant, mais ne risquons-nous pas, dans le même temps, de perdre l'essence même de notre être ? Serions-nous encore capables de mettre notre vie au service d'une grande cause ? Oserions-nous encore nous embarquer pour un voyage aux limites du monde ?

De nos jours, les grandes aventures ont toutes été réalisées. Bientôt une route passera à proximité de la tombe de Scott en Antarctique. Les Inuits conduisent des motoneiges dans les traces mêmes où les hommes de Franklin, cherchant le passage du Nord-Ouest, se sont effondrés les uns après les autres dans les années 1840. Aujourd'hui on fait la queue pour escalader l'Everest. Mais je crois sincèrement que la navigation à rames se distingue des aventures sur catalogue avec frissons assurés dont regorgent les rayons des librairies. Elle surpasse aussi la voile car face à la violence de la mer, le rameur est nu. Il n'a que son esprit et ses muscles pour garder le cap. Il n'a pas de gouvernail automatique et s'il s'autorise un moment de récupération, il sait qu'il le paiera cher, il perdra les milles gagnés au prix d'heures d'efforts.

Quand le 14e Dalaï-Lama, Tenzin Gyatso, a été invité à commenter l'anniversaire de la conquête de l'Everest, il a cité la réponse que George Mallory avait faite quand on lui avait demandé pourquoi il allait tenter cette ascension : « Parce que la montagne est là. » Cette phrase est devenue la panacée pour tous ceux qui ne savent ni ne peuvent trouver une réponse plus personnelle à ce qui les pousse à poursuivre leurs rêves, si étranges et dangereux soient-ils. Et le Dalaï-Lama avait ajouté en parlant pour les autres hommes – les heureux, les satisfaits : « Pour la plupart des Tibétains, que la montagne soit là est une excellente raison de ne pas tenter son ascension. »

Nombreux sont ceux qui ne comprennent pas en voyant l'exploit d'Oliver comment on peut concevoir d'embarquer dans une coquille de noix sur une mer déchaînée et mettre en danger sa vie, ses économies et le bonheur de toute une famille ; et pour trouver quoi ?

Pas la richesse, ça c'est certain. Personne n'est devenu riche en traversant un océan à la rame. Pas la première page des journaux, il ne faut pas confondre l'aventure et les croisières à bord de paquebots pleins de vedettes du spectacle. Simplement le désir de réussir une première, par exemple, la première circumnavigation autour de l'Antarctique ?

Il est intéressant de signaler que si l'on regarde une mappemonde, faire le tour de l'Antarctique revient à faire le tour du monde mais pour que le terme de tour du monde soit validé par le WSSRC (World Speed Sailing Records Council), le navire doit traverser l'équateur et contourner un point fixe ou une terre dans l'hémisphère opposé.

Le projet d'Oliver est donc une circumnavigation de l'océan Antarctique et non un tour du monde. Qu'importe. Querelles de terminologie mises à part, qu'est-ce qui pousse un jeune homme cultivé, promis à un bel avenir, à tout mettre en jeu pour une aventure en mer ?

John Fairfax, qui le premier a traversé l'Atlantique (Canaries-Floride) en solitaire en 1969, puis le Pacifique (San Francisco-Australie) avec Sylvia Cook en 1971-1972, a répondu à cette question selon sa propre perspective : « Je ne pense pas qu'on gravisse l'Everest ou qu'on traverse un océan à la rame parce que le défi était là et que l'homme était là. Mais, sans nous, les montagnes et les océans ne sont rien. Ils n'ont aucun sens. Ils sont là depuis toujours et le seront pour toujours. Pour quelques êtres humains, dont je suis, leur présence donne naissance à un rêve, le rêve de confronter nos petits moyens à la toute-puissance des éléments et de conquérir, non pas la nature mais nous-mêmes. Être capable de réussir une entreprise inconcevable est notre seule vraie récompense. Ce n'est pas le résultat final qui compte, c'est la façon dont nous nous tirons de cette folie dans laquelle nous nous sommes volontairement engagés, à savoir, la confrontation avec la Nature dans ce qu'elle a de plus violent. Ceux qui perdent la vie dans cette aventure ne partent pas vaincus, je dirais même que leur mort est un triomphe, le symbole de cet indomptable caractère de l'homme qui choisit de se briser plutôt que plier. »

Notre objectif est simplement de trouver de quoi nous sommes faits.

Tout comme l'Everest et les Pôles, les traversées transatlantiques à la rame ne sont plus des faits rares. En ce moment, quatre hommes sont sur trois océans, quatre autres s'apprêtent à partir dans les prochaines semaines. Et entre novembre et janvier prochains, deux courses transatlantiques se dérouleront entre La Gomera et Antigua ; plusieurs projets indépendants sont également prévus.

Pour certains aventuriers, une fois ne suffit pas. On découvre tant de choses sur soi, du bon comme du mauvais, que la maturité nous apprend à accepter. Un voyage de plus est le pas qui vient naturellement après le précédent dans la connaissance de soi.

Peut-être qu'à travers les réponses de rameurs, on saura enfin peut-être POURQUOI :

« On vit dans une tension permanente. Chaque geste est important, chaque geste a du sens ; c'est formidable d'être dans un environnement où tout a tellement d'importance pour la survie. À la maison, le confort, la nourriture sont omniprésents. Ici, on est libéré de tout. »

« Quand on tourne le dos à la civilisation et, particulièrement, quand on est seul, on découvre de quoi on est capable et c'est un sentiment formidable. Les voyages en mer donnent aux choses une perspective beaucoup plus riche que celle que l'on a sur terre. »

Je vais citer le journal de bord de Toni Murden, première femme à avoir traversé un océan seule en 1999. Le 29 septembre 1999, elle écrivait :

« À ma montre, il est près de minuit. Je ne peux pas dormir tant c'est beau. Je voudrais tellement que vous puissiez voir les étoiles. J'ai relevé les rames il y a déjà quelques heures, mais je viens de les remettre à l'eau pour admirer les tourbillons phosphorescents que je crée à chaque coup de rame dans la mer. Ces étincelles de lumière me donnent l'impression d'être un apprenti sorcier jouant avec deux très grandes baguettes magiques.

C'est la terreur qui me tient éveillée, pas l'insomnie. Je ne suis pas assise sur le pont simplement pour participer à l'un des merveilleux spectacles de la nature.

La vie offre de grands moments de tendresse, des instants éphémères que l'on doit chérir. La vie est une bénédiction.

C'est seule et dans un environnement potentiellement hostile, que je perçois le plus clairement ce qu'implique la notion d'être humain et c'est cette perception qui me conduit vers les montagnes et la mer. Il m'est arrivé de ressentir ce mélange d'horreur et de magnificence dans le monde moderne mais avec moins de clarté et plus de bruit. William Blake disait, et je partage son sentiment, “c'est comme si je tenais l'éternité dans la paume de ma main”.

Si j'ai décidé de refuser une vie réglée comme du papier à musique, c'est parce que beaucoup de la musique du monde n'est pas couchée sur du papier.

Ici, je peux me blesser, je peux transpirer ; il est vrai que le soleil brûle, que le vent cingle mon visage mais la richesse ici dépasse largement la fortune des nations.

La porte est ouverte, chacun est libre de venir ou pas, mais il ne faut jamais hésiter.

Profiter de l'instant présent, profiter de la grâce et du mystère avant de replonger dans une vie plus ordinaire.

Demain, il ne me restera qu'un souvenir que je n'aurais jamais eu ailleurs. J'aimerais de tout mon cœur que vous puissiez voir les étoiles comme je les vois. »

Tandis que vous fulminez dans les embouteillages quotidiens pour aller et revenir de votre travail, ayez une pensée pour un jeune homme qui veut accomplir ce pour quoi il se sent fait, admirez et enviez son courage, et souhaitez-lui de réussir.

Stéphane Dugast

Reporter depuis 1999, Stéphane Dugast a multiplié des missions sous toutes les latitudes, en particulier pour « Cols bleus », à bord de prestigieux bâtiments de la marine (le Belem, *le* Charles de Gaulle, *etc.) ou à Clipperton pour Jean-Louis Étienne. Un reportage sur l'océan Glacial arctique en 2004 et la rencontre du « marin des glaces », Frédéric Chamard-Boudet, l'ont conduit sur les traces de Paul-Émile Victor.*

Dans les pas de Paul-Émile Victor
l'aventure polaire

par Stéphane Dugast

Soixante-dix ans après Paul-Émile Victor, au Groendland oriental, Stéphane Dugast a mis ses pas dans ceux de l'explorateur renommé et ancien président d'honneur de la Guilde, en compagnie de son fils Stéphane, à l'occasion de l'Année polaire internationale. Ensemble ils ont constaté les profondes mutations de la société inuit et du climat.

SOIXANTE-DIX ANS APRÈS son hivernage sur la côte orientale du Groenland, j'ai glissé mes pas dans ceux de l'explorateur polaire Paul-Émile Victor (1907-1995). Durant l'hiver 2006, je me suis ainsi rendu une première fois dans cette région proche du cercle polaire arctique (66°34' Nord). Pendant plus d'un mois, j'ai multiplié les déplacements en traîneau à chiens, en bateau, à raquettes ou à pied, en compagnie de Xavier Desmier. Photographe rompu et aguerri aux reportages en milieu polaire aux côtés du docteur Jean-Louis Étienne comme du cinéaste Luc Jacquet (réalisateur du film *La Marche de l'empereur*), Xavier ne s'était étrangement encore jamais rendu au Groenland est. Moi non plus. Animés par les mêmes valeurs humaines et humanistes que notre illustre aîné, nous avons partagé le quotidien des derniers chasseurs du Groenland oriental.

Quelques mois plus tard, nous sommes revenus dans cette région chère à Paul-Émile Victor afin d'y séjourner en été, lorsque le jour est permanent. Accompagnés cette fois de Stéphane Victor, l'un des fils de l'explorateur polaire, nous avons vécu une chasse nomade comme les effectuaient jadis les « Eskimos » que l'on appelle désormais les « Inuits » (les « êtres vivants »). But avoué de ce nouveau voyage ? Atteindre le fjord sauvage et inhabité de Kangerlussuatsiaq. Le « Presque-pas-tout-à-fait-grandfjord » en langue locale. C'est sur cette île minuscule, située face à un fjord sauvage et inhabité que l'ethnologue de formation s'installe, entre l'été 1936 et l'été 1937, en compagnie de chasseurs eskimos. Pendant quatorze mois, Paul-Émile Victor vit le quotidien précaire de sa famille d'adoption. Comme ses compagnons, l'explorateur devient également chasseur d'ours et de phoques. « Eskimo parmi les Eskimos », cette expérience humaine parmi les plus intenses marquera à l'encre indélébile l'homme des pôles. À son retour en France, la publication des récits de ses aventures groenlandaises – *Boréal* publié en 1938 et *Banquise* en 1939 – fera sa renommée. Jusqu'à son décès en 1995, l'explorateur d'origine jurassienne deviendra un infatigable conteur de la « civilisation du phoque » (comme il la surnommera) et des Eskimos.

Afin de célébrer le centenaire de la naissance de Paul-Émile Victor, les soixante ans des Expéditions polaires françaises (EPF) dont il fut l'un des principaux instigateurs, de commémorer les soixante-dix ans de son hivernage et de s'inscrire dans la dynamique de l'Année polaire internationale célébrée en 2007 et en 2008, nous sommes repartis sillonner la région sauvage du district d'Ammassalik en quête d'éventuelles traces laissées par l'explorateur du grand froid. Forts d'un riche fonds d'archives, constitué d'un film noir et blanc, de photographies et de dessins réalisés par l'ethnographe lui-même, nous avons souhaité porter un regard sur cette région du globe en pleine mutation. Plutôt que de baser notre travail sur un simple jeu de miroirs entre 1937 et 2007, nous nous sommes attachés à établir des parallèles entre notre vécu sur le terrain et l'enquête à vocation ethnographique menée par Paul-Émile Victor. Ses séjours au Groenland ont incontestablement été les pierres fondatrices de sa longue carrière d'explorateur entièrement dédiée aux pôles. En confrontant ses notes et ses travaux datant de la fin des années 1930 à nos constats de témoins-reporters d'aujourd'hui, nous avons ainsi pu mesurer les profonds changements auxquels doivent désormais faire face les Inuits. Le progrès a fait une brutale intrusion dans cette société aux traditions millénaires. C'est de surcroît sous ces latitudes que les effets du réchauffement climatique de notre planète sont pour l'instant les plus tangibles. En marchant « dans les pas de Paul-Émile Victor », on raconte ainsi une figure emblématique de l'aventure du XXe siècle ainsi qu'une terre de légende en proie à de profondes mutations dont la plus alarmante est climatique. Imprévus et rencontres ont jalonné notre odyssée au fil des glaces…

Campement de Ningerte
66° 17' Nord – 37° 14' Ouest

Grand beau temps en cette mi-juin dans le fjord du Sermilik, large échancrure située le long de la côte est du Groenland. Depuis l'apparition d'un phoque dans les eaux parsemées de glace, le silence est d'or à Ningerte. Casquette verte vissée de travers sur le crâne, veste polaire entrouverte et bas de survêtement noir rendu bouffant par ses grosses bottes kaki en caoutchouc, Tobias Ignatiussen est aux aguets. Fusil à la main, ce chasseur quadragénaire parmi les plus réputés de la région d'Ammassalik scrute minutieusement les eaux redevenues calmes. Plus un bruit, ni même un chuchotement au campement. Le mammifère marin ne devrait maintenant plus tarder à pointer son museau afin de revenir prendre sa respiration à la surface. L'attente paraît interminable. Rien ne semble pourtant perturber la concentration de ce chasseur natif du Sermilik. Si la chasse a été, pendant des siècles, l'activité principale des Inuits, elle n'est désormais un métier que pour une soixantaine d'entre eux, détenteurs d'un permis de chasse officiel. Source de revenus complémentaires pour les chasseurs comme Tobias, cette activité ancestrale est devenue aujourd'hui un loisir pour la majorité des habitants de la côte orientale du Groenland seulement peuplée de 3 500 habitants, tandis que 54 000 Groenlandais habitent le long de la côte occidentale.

Au campement de Ningerte, un léger « flop » presque imperceptible va subitement troubler le silence. Tandis qu'à la surface irisée une tête sombre ne tarde pas à émerger, Tobias a déjà bondi avec agilité dans son embarcation à moteur. Son bateau disparaît rapidement derrière les rochers.

Un silence de plomb retombe dans ce campement situé le long des rives du fjord de Sermilik quand deux détonations claquent. Tobias revient sans traîner. À la poupe de son bateau apparaît la gueule ensanglantée d'un jeune phoque. Sur les rochers attenants au campement, Tomasine, une proche parente septuagénaire de Tobias, a déjà affûté son couteau traditionnel en forme de demi-lune afin de procéder à la découpe du phoque. Dès le retour du chasseur, la femme dépèce le phoque fraîchement tué selon des gestes méthodiques et immuables. Ce soir, Tomasine opère à même un rocher granitique plat. En la regardant dépecer ainsi méthodiquement le mammifère marin pesant une trentaine de kilos, je crois revoir les dessins et les photos de Paul-Émile Victor. Similaire à celle racontée par l'ethnologue et aventurier dans *Boréal* et *Banquise*, cette scène n'a pas pris une ride. Sept décennies plus tard, seuls les habits ont changé. Aux vêtements traditionnels confectionnés à partir de peaux de phoque (plus résistantes) ou d'ours (plus chaudes), les Inuits préfèrent désormais les matières synthétiques modernes.

À Ningerte, Tobias a repris sa veille attentive. Un chasseur de l'Arctique garde constamment un œil rivé sur les glaces, le ciel, les courants et le vent. Ici, au Groenland oriental, « seuls les glaces et le temps sont maîtres » comme le résume à-propos un proverbe local. Soixante-dix ans après l'aventure ethnographique de Paul-Émile Victor, le père fondateur des Expéditions polaires françaises (EPF) en 1947, le temps semble avoir suspendu son vol, égrené seulement par le lent ballet des icebergs ou des blocs de glace (appelés *floes*) qui naviguent au gré des vents, des courants et des marées…

Pourtant, en arpentant été comme hiver sa région natale qu'il connaît comme sa poche, Tobias a constaté de profonds changements ces dix dernières années. À l'exception de l'hiver 2006, les eaux des fjords n'ont ainsi plus gelé depuis sept ans. Face à ces dérèglements climatiques, les répercussions ont été immédiates. Les chasseurs locaux privilégient désormais les bateaux à moteur au détriment des chiens de traîneau, privés d'activité à cause du dégel. Sans banquise hivernale, chiens et traîneaux ne sont plus d'aucune utilité. Entretenir des chiens toute l'année étant fastidieux et coûteux, de nombreux chasseurs ont préféré s'en séparer. Cette dernière décennie écoulée, des meutes entières ont été sacrifiées. Un hiver plus conforme aux normes saisonnières peut néanmoins s'avérer être un vrai casse-tête pour la communauté inuit. La banquise reconstituée (comme durant l'hiver 2006), la demande touristique pour les excursions en traîneaux à chiens a ainsi cru. L'offre étant devenu famélique, des meutes ont dû être constituées à la hâte. Des chiens en provenance de la côte ouest ont ainsi été acheminés in extremis à Ammassalik et sa région. Si les récents dérèglements climatiques sont directement palpables pour les chasseurs ou pour les guides locaux, les sédentaires quant à eux – la majorité de la population inuit – s'en accommodent. Les hivers sont plus courts. Les températures plus clémentes. Pourtant aux premières loges, les 3 000 Inuits du district d'Ammassalik, dont 2 000 habitent la seule agglomération de Tasiilaq, semblent moins effrayés que les Occidentaux par les récents changements climatiques.

D'autres effets des dérèglements climatiques sont également perceptibles le long de la côte orientale du Groenland. À cause de la fonte accélérée de la banquise, l'utilisation du bateau à moteur s'est ainsi systématisée au détriment du traîneau en hiver et du kayak en été. Avec un canot motorisé, on chasse désormais toute l'année. Et grâce aux moteurs de plus en plus puissants, la zone de chasse s'est considérablement agrandie. Un hiver rigoureux peut néanmoins contrarier les desseins d'un chasseur motorisé. Les eaux des fjords gelées, son champ d'action se réduit. Au cours de l'hiver 2006, les chasseurs ont ainsi été contraints de pêcher au trou sur la banquise, leur bateau étant immobilisé dans les glaces au port. Sans chiens et sans traîneaux, il leur était également impossible d'effectuer des déplacements longue distance sur la banquise afin de chasser.

L'utilisation du bateau à moteur pose également des problèmes d'ordre économique. Les coûts d'achat d'un canot à moteur sont prohibitifs. Un moteur neuf puissant comme le 115 CV de Tobias se négocie 13 000 euros. Un prix inaccessible pour une majorité de chasseurs locaux. L'entretien des bateaux est également problématique dans cette région enclavée. Pannes et soucis techniques sont plus fréquents. Jadis, la seule force d'action mécanique était humaine. Un peu de graisse de phoque suffisait à reboucher les trous et les avaries d'un kayak ou d'un canoë (appelé *umiak*). Aujourd'hui, les moteurs cassent fréquemment. Au royaume des glaces, on ne ménage d'ailleurs pas son embarcation. Les bateaux en époxy, seulement renforcés par une pièce métallique à leur étrave, poussent, chevauchent et brisent des morceaux de glace pesant des tonnes à la seule force des chevaux-vapeurs. Mis à rude épreuve, les moteurs cassent et nécessitent un entretien fréquent. Faute de mécaniciens qualifiés, les réparations s'avèrent souvent problématiques.

Autre réalité contemporaine, cette fois imputable aux récents dérèglements climatiques, le morcellement de la banquise l'été s'est accru, rendant les navigations encore plus périlleuses et dangereuses. Depuis des millénaires, les Inuits n'ont pas seulement vécu sur les glaces, ils y ont survécu coûte que coûte jusque récemment. En se rapetissant et en se fragilisant, la banquise, territoire de prédilection des Inuits, devient un espace difficile à appréhender.

Village de Tiniteqilaaq
(« Qui se rattache à la terre par marée basse »)
65° 53' Nord – 37° 46' Ouest

Situé au bord du fjord du Sermilik et seulement accessible par hélicoptère en toute saison, Tiniteqilaaq est un coquet village de 150 habitants avec ses maisons en bois aux façades rouges, jaunes, bleues et rose pastel. Au centre de cette agglomération sans routes asphaltées, ni eau courante, ni tout-à-l'égout mais avec l'électricité, Ani occupe une maison modeste. Assise en tailleur dans son fauteuil au milieu de son salon décoré de photos jaunies par le temps, la doyenne octogénaire a encore toute sa tête. « Depuis 1921, j'ai tout enregistré là ! » jure-t-elle, cigarette au bec, en appuyant son index sur son front. Dans son salon surchauffé, les souvenirs refont peu à peu surface. D'habitude peu enclin à parler du passé, Ani consent à évoquer ses « temps anciens ». Lorsque cette native du Sermilik évoque la visite et le séjour d'un drôle de *kratouna* (« homme blanc » en inuit) « qui écrivait et dessinait tout le temps », sa mémoire se fait même précise : « Je devais avoir quatorze-quinze ans lorsque j'ai vu débarquer Wittou à Tiniteqilaaq. C'était un frère pour nous. Wittou, il était très gentil. Il nous donnait des bonbons ou il imitait le singe pour nous faire peur ! » « Wittou », c'est ainsi que les Inuits appelaient Paul-Émile Victor.

Assis sur le rebord du fauteuil élimé, le fils Victor écoute religieusement la doyenne de Tiniteqilaaq, tout en lui étreignant les mains. L'émotion à fleur de peau, la communion est totale pour Stéphane Victor. Si le souvenir de son père demeure vivace pour cette habitante de Tiniteqilaaq « depuis [ses] cinq ans », l'épisode le plus marquant de sa vie date néanmoins de son installation avec sa famille dans une maison en bois : « Le plus étonnant au tout début, c'était d'entendre les bruits de l'extérieur, comme les aboiements de chiens par exemple. Auparavant, on n'entendait presque aucun bruit dans les maisons en tourbe ! » Jusqu'à la sédentarisation imposée par le gouvernement danois dans les années soixante, les Eskimos habitaient, pendant l'hiver, dans des maisons semi-enterrées qu'ils fabriquaient à partir de tourbe, de mottes d'herbe, de bois flottés ou de grands os de mammifères marins, et dont les ouvertures étaient obturées par des intestins de phoque. À la fonte des neiges et de la banquise, ces communautés de chasseurs nomades déménageaient et s'installaient sous des tentes en bordure des fjords afin de suivre les migrations du gibier. La sédentarisation a ainsi bouleversé les mentalités locales. Pour Ani la doyenne, les inconvénients sont plutôt concrets : « On vit désormais chacun chez soi. C'est dur lorsque l'on vieillit ! Heureusement, j'ai la radio et la télévision qui me tiennent compagnie. » L'intronisation de la société de consommation a également modifié les règles sociales. Le partage du gibier ou la solidarité sont désormais soumis à la rude épreuve de la société de consommation. L'individualisme forcené, le pouvoir de l'argent et le chômage ont fait une brutale irruption dans une communauté jadis solidaire. Dans ce monde en pleine mutation, les Inuits sans repères sont de plus en plus nombreux. L'alcoolisme fait des ravages. La région est maintenue à flot à coups de subventions danoises. La plupart des emplois y sont administratifs. Les perspectives d'emplois futurs sont pour l'instant hypothétiques. Les ressources halieutiques, difficilement exploitables à cause des glaces (contrairement à la côte occidentale) ne permettent pas d'espérer la création d'une filière de pêche économiquement rentable. Si le tourisme semble être une manne financière non négligeable pour l'avenir, infrastructures et personnel qualifié font cruellement défaut pour l'instant. Plus que jamais, l'avenir du Groenland s'écrit en pointillé...

Au Groenland oriental, nous avons constaté le réchauffement climatique et ses effets déjà perceptibles à l'échelle d'une vie d'homme. En sept décennies, l'amincissement de la banquise et le recul des glaciers sont manifestes et alarmants sur le terrain. Ainsi, en comparant les lignes de front des glaciers annotées sur les cartes danoises dressées par l'Institut géodésique danois en 1935 (à partir de photos aériennes) et les observations de visu, les différences sont frappantes. Long d'environ 50 kilomètres et large d'environ 4 kilomètres, le glacier Midgard situé au nord du fjord du Sermilik a reculé de 25 kilomètres. Au pied de ses pentes, les moraines s'amoncellent. Sur les parois rocheuses, la différence de couleur entre les strates permet d'évaluer la diminution de son épaisseur entre 250 et 300 mètres. Autant de preuves des changements brutaux intervenus dans ce fjord pourtant éloigné de toute concentration humaine.

Mêmes constats alarmants en inspectant « à l'œil nu » les glaciers voisins que Paul-Émile Victor a fréquentés en traîneau à chiens durant ses séjours afin de cartographier la région du mont Forel, alors *terra incognita*. Situé à l'ouest du fjord de Sermilik et jouxtant la calotte glaciaire (près de 85 % de la superficie du Groenland), le front du glacier Helheim a lui aussi reculé. « Plus de 5 kilomètres en huit ans ! » d'après Tobias le chasseur.

S'il est difficile, depuis le fjord de Sermilik ou Tiniteqilaaq, d'imaginer tous les scénarios d'évolutions climatiques envisagés par la communauté scientifique internationale plutôt alarmiste quant à l'impact de la fonte des glaciers au Groenland sur les activités humaines (élévation du niveau des océans, instabilité des modèles météorologiques, inflexion des courants marins…), la communauté des chasseurs inuits demeure néanmoins confiante. Malgré de nouvelles menaces pesant sur son territoire de chasse, Tobias demeure optimiste pour l'avenir : « Une nouvelle fois, on s'adaptera. Comme on a toujours su le faire ! » Resté en marge des grandes destinations touristiques et des mouvements géopolitiques jusqu'à sa découverte à la fin du XIXe siècle, le Groenland oriental est aujourd'hui réellement menacé.

La perspective d'une disparition de la banquise d'été aiguise les appétits des grandes compagnies pétrolières. L'Arctique recèlerait jusqu'à 25 % des réserves mondiales de pétrole et de gaz naturel. C'est le long de la côte orientale, entre le Groenland et la Norvège (au socle riche en pétrole) que le potentiel en hydrocarbures serait le plus conséquent. Une enquête menée par des géologues américains (US Geological Survey, 2001) a établi que 10 milliards de barils de pétrole brut (correspondant à la moitié des réserves de l'Arabie Saoudite, premier producteur mondial) « dormiraient » pour l'heure entre 100 et 200 mètres dans les profondeurs de la mer du Groenland. La course à l'or noir arctique est lancée. Des pressions politiques multiples s'exercent d'ores et déjà autour de ces ressources naturelles dont le potentiel d'exploitation devrait s'accroître sous l'effet du réchauffement climatique. Récemment, le Danemark vient ainsi de délivrer une licence de prospection et d'exploitation d'hydrocarbures à une première compagnie pétrolière, qui prévoit plusieurs forages d'ici à 2008. Du fait de la fonte croissante de la banquise favorisant l'accès des sites d'exploitation et de la montée du prix du pétrole, les grands groupes pétroliers devraient prendre de plus en plus de risques. Cette ruée vers l'or noir pose pourtant des questions environnementales. Conjugués à une ouverture des routes maritimes, peu sûres et périlleuses parmi les glaces, les risques de marée noire sont réels. L'impact serait alors catastrophique pour cette région polaire à la biodiversité encore riche et relativement préservée jusque-là, mais extrêmement vulnérable. Avant que ces mutations ne s'opèrent et ne viennent tout bouleverser, il était primordial de porter un regard et de témoigner sur cette région longtemps préservée des désirs immodérés de l'homme pour l'argent et les richesses. Ardent défenseur de la nature, Paul-Émile Victor préconisait déjà d'agir dès 1979 dans son ouvrage *Jusqu'au cou… et comment s'en sortir*[1] :

« Je suis arrivé à la seule conclusion indiscutable, irréfutable : agir vite, profondément, de façon draconienne pour enrayer, pendant qu'il en est temps encore, la détérioration générale de la "qualité de la vie", la destruction de la nature, l'aliénation des qualités qui font de l'Homme un Homme. […] Car il vaut mieux se tromper avec l'espoir de sauver l'Homme, que de se tromper avec le risque de le voir détruit. Car il vaut mieux se battre que d'attendre. Même si le combat est désespéré, ce qui est loin

1. Fernand Nathan.

d'être le cas. [...] J'ai dit et je le répète : chacun doit agir dans sa propre sphère avec les moyens dont il dispose. Il faut passer de la parole aux actes. Aujourd'hui. Tout de suite. »

Véritables baromètres du climat, les terres polaires envoient des signaux forts au reste du monde. En dignes héritiers de Paul-Émile Victor à la pointe du combat écologiste dès la fin des années soixante, nous avons voulu témoigner de l'urgence à agir pour sauver notre planète en surchauffe. Il est temps d'en prendre conscience. Il est urgent d'agir. Sinon, nos déserts blancs, ces sanctuaires de la nature, risquent de disparaître à tout jamais...

Édouard Cortès

Journaliste-reporter d'images, auteur (Paris-Saigon, *Presses de la Renaissance, 2005), Édouard Cortès a organisé et participé à plusieurs expéditions dont une traversée à pied de la chaîne du Caucase, et Paris-Kaboul en 2 CV sur les traces des grandes épopées automobiles vers l'Asie.*

Ararat, la montagne des origines

par Édouard Cortès

Et si les vestiges de bois trouvés sur le mont Ararat étaient ceux de l'arche de Noé ? Pour répondre à cette question, Édouard Cortès a gravi la montagne sacrée, en Turquie, et mené une enquête sur la réalité de ce mythe fondateur.

Du bois dans la glace

IL EST LÀ, AU CREUX DE MA MAIN, minuscule fragment de bois d'à peine un centimètre de long sur trois millimètres de large. À une autre époque, on aurait parlé de relique. Mais c'est une écharde ancrée dans le cours de l'Histoire. Une énigme pour la science, un mystère pour la foi. Je reste stupide devant l'objet de mon enquête, sujet de mes rêves depuis presque cinq ans. C'est un bout de bois ordinaire, noir comme l'ébène, dur comme la pierre. Il provient d'un glacier perché à 4 200 mètres d'altitude. Tout comme l'Humanité, cette pièce de bois est descendue d'un sommet situé aujourd'hui aux confins de la Turquie orientale, à la frontière de l'Arménie et de l'Iran : l'Ararat.

En 2001, au retour d'une traversée de la chaîne du Caucase à pied, ma grand-mère maternelle me livre un secret : « Je détiens un morceau de l'arche de Noé. » J'ai souri. Mais sa relique a réveillé en moi ce qu'il y a de plus grand chez les petits : la capacité à rêver. Pouvais-je encore croire en une histoire d'animaux et d'une famille sauvés par Dieu dans une embarcation échouée au sommet d'une montagne ?

Le morceau de bois de ma grand-mère provient d'une poutre découverte par un explorateur français. Fernand Navarra a pris le mythe à bras-le-corps comme la poutre qu'il a exhumée. En 1955, il découvre dans la calotte glaciaire de l'Ararat un madrier qui semble accroché à la structure d'un bateau. Navarra en découpe une partie de 1,50 mètre de long et la hisse hors de la crevasse. Le morceau de bois est façonné de main d'homme. D'après plusieurs analyses de dendrochronologie (la science de datation du bois) réalisées en 1956, il s'agit de bois de chêne datant de 5 000 ans avant notre ère, soit une époque contemporaine du déluge biblique. À son retour, Navarra écrit un livre : *J'ai trouvé l'arche de Noé.* Il est persuadé avoir sorti de la glace un fragment de « la plus ancienne épave du monde ».

J'accepte facilement la vie avec sa part de mystère. C'en est même le fondement. Cependant, une histoire aussi détaillée et répandue que celle de Noé, si elle a eu lieu, doit avoir un socle historique. Je voulais en savoir plus.

À la source de l'Humanité
Octobre 2005 – août 2006

« Au septième mois, au dix-septième jour du mois, l'arche s'arrêta sur les monts d'Ararat » (Genèse, chapitre 8, verset 4). L'Ararat demeure pour les croyants une montagne sacrée, lieu d'amarrage de l'arche. Aucun récit n'a de portée plus symbolique : les animaux, images de la biodiversité ; l'eau du déluge qui lave du péché pour renaître ; l'arc-en-ciel, symbole de bonheur et de vie, signe de l'alliance avec Dieu ; la colombe et son rameau d'olivier, signe de la paix. L'Homme est renouvelé par un sauvetage des eaux.

Commune aux trois grandes religions monothéistes, l'histoire de Noé se lit dans la Torah, l'Ancien Testament et le Coran. Mais la catastrophe diluvienne est connue de toutes les civilisations. Grèce, Perse, Inde, Islande, Mexique, Égypte, Chine, Pérou, Australie… Tous possèdent un récit fondateur lié à une inondation gigantesque. Plus de 600 légendes ont été dénombrées dans le monde. Le plus célèbre récit est l'*Épopée de Gilgamesh* découvert au XIXe siècle en Mésopotamie. Sur ces tablettes d'argile, l'écriture cunéiforme relate l'histoire du Noé babylonien sans doute à l'origine du texte biblique. Le déluge est imprimé dans la mémoire de toutes les civilisations. L'arche est le berceau de notre humanité.

Il n'y a pas de fumée sans feu. Plutôt que de ravaler le mythe au rang des fables, j'admets que l'on puisse en faire une hypothèse de recherche. Du bois vieux de 5000 ans peut-il se conserver dans la glace comme les mammouths découverts en Alaska ou en Sibérie ? Peut-il s'agir des vestiges de l'arche de Noé ? Pour élucider cette énigme, je monte ma propre expédition. Première étape : une enquête au pied du mont. Deuxième étape : des recherches dans les glaces. Je ne connais rien à la montagne. Sylvain Tesson, écrivain-voyageur et talentueux alpiniste, et Thomas Goisque, photographe, me rejoindront pour une des ascensions.

Été 2006, quand les glaciers continentaux sont à leur plus bas niveau et favorisent les recherches en haute montagne, je m'échappe en voiture vers la Turquie. Dans la boîte à gants, manuscrit historique et Bible. Dans les malles, matériel topographique et d'alpinisme. Je prends pour cap l'Ararat. Je pars tenter ma chance « sur la piste de l'arche de Noé[1] ».

Les flots du déluge
Istanbul, 24 août 2006

Moins d'une semaine de route à travers l'Europe et sur les eaux de l'Adriatique et me voilà à la porte de l'Asie. Je longe la mer Noire vers l'est de la Turquie. Je passe sur le pont Bogazçi Köprüsü. Au-dessous coulent les eaux du Bosphore. Il y a 7 500 ans, on passait en Europe ou en Asie par la terre ferme. Le Bosphore était une immense digue. Durant la préhistoire, une violente montée des eaux de la Méditerranée a fait sauter le bouchon du Bosphore. Les eaux ont alors déferlé à une vitesse deux cents fois supérieure à celle des chutes du Niagara, envahissant plus de 100 000 kilomètres carrés de terres. Le lac d'eau douce est devenu une mer salée : la mer Noire, dont le niveau s'est élevé de 100 mètres.

1. Édouard Cortès, *Ararat, sur la piste de l'arche de Noé*, préface de Sylvain Tesson, Presses de la Renaissance, 2007.

Plus au sud, dans l'actuel Irak, en 1928 et 1929, des fouilles dans la région d'Ur, en Mésopotamie, révèlent comme prévu toutes les strates de poteries et autres objets antiques. Au fond : une épaisse couche de boue. Les archéologues persévèrent. Sous près de quatre mètres de boue apparaît une seconde couche d'histoire, une ville plus ancienne. Plus question d'une simple crue coutumière du Tigre ou de l'Euphrate. Il y a eu un véritable déluge prolongé en Mésopotamie. La hauteur des eaux est estimée à 7,50 mètres : à peu de chose près ce qu'indique la version diluvienne de la Genèse : « De quinze coudées plus haut, les eaux s'étaient élevées. »

Ces deux déluges locaux auraient-ils suffi à marquer les mémoires du monde ? Auraient-ils réussi à déposer l'arche sur le mont Ararat ?

Les preuves avancées par les scientifiques de tous bords pour expliquer la morphologie et l'histoire de la Terre ne confirment pas définitivement la théorie d'un déluge universel. Il est possible qu'une inondation considérable ait eu lieu à l'époque tertiaire ou quaternaire. Plusieurs hypothèses me viennent alors à l'esprit. Soit la mémoire a amplifié un événement local, comme le tsunami de 2004 par exemple, pour en faire un « déluge de mémoire universelle », Noé et son arche étant nommés différemment selon les cultures. Soit une catastrophe d'ampleur universelle a réellement combiné plusieurs séismes et tsunamis. Dans ce cas, Noé et son arche ne seraient qu'un sauvetage parmi d'autres.

Témoins de « la nef du monde »

« Et encore vous dirai qu'en le mitan de cette grande Arménie est l'arche de Noé, sur une montagne. » Dans son *Livre des merveilles* Marco Polo n'est ni le premier ni le dernier témoin de l'arche de Noé. Caravaniers jetés sur les routes de la soie, pèlerins et bergers bien avant l'ère chrétienne, prétendent avoir vu la fameuse nef sur le sommet, voire être entrés à l'intérieur. Au IIIe siècle avant J.-C., l'historien babylonien Bérose évoque « le bateau qui s'échoua en Arménie » où la coutume locale est de gratter « la poix du navire pour en faire des amulettes ». Au Ier siècle après J.-C., l'historien juif Flavius Josèphe note à propos de l'Ararat que « les Arméniens appelaient cet endroit le lieu de la Descente, car l'arche y étant conservée, ses habitants en montrent encore les vestiges à ce jour ». En 330, le patriarche byzantin de Nisbis, Jacob de Madzpin, tente l'ascension de l'Ararat. Selon la tradition, un ange lui apparaît pour limiter ses souffrances et lui remet un fragment de l'arche de Noé. La relique conservée dans le trésor du monastère d'Etchmiadzin, en Arménie, est actuellement exposée au Louvre dans le cadre de l'Année de l'Arménie en France. Un nombre incalculable de récits dans l'histoire antique et médiévale confirme la présence du navire sur la montagne. Au début du XXe siècle, l'aviation joue un rôle considérable dans les recherches. Été 1916, un pilote russe, Roskovitsky, dit avoir aperçu une construction au faîte de la montagne. Le tsar Nicolas II envoie deux expéditions composées d'alpinistes, de militaires et d'ingénieurs pour élucider l'énigme. En 1949, durant la guerre froide, un avion-espion de l'US Air Force rapporte des prises de vue du mont qui font l'effet d'une bombe. La CIA analyse les clichés qui révèlent un objet pris dans les glaces. Pendant plus de deux décennies, les satellites vont photographier ce qui est désormais classé à la Maison-Blanche dans un dossier confidentiel étiqueté « Anomalie Ararat ». En 2002, Claudio Schranz, alpiniste, filme et photographie un morceau de bois dans une cascade de glace qui surplombe le glacier Parrot.

Le nombril du monde
Anatolie orientale, 30 août 2006

Un vent chaud souffle en permanence. Les lignes des plateaux anatoliens allongent l'horizon. Je quitte définitivement les sentiers battus. La bande d'asphalte se perd entre le bleu du ciel et le jaune des steppes brûlées. Je suis une fourmi vagabonde sur la ligne de l'immensité.

Brusquement, de toute sa masse, il surgit au détour de la route : l'Ararat. Mythique et colossal. Il domine tout et caresse le ciel de son dôme blanc haut de 5 137 mètres. Me voilà à son pied, la gorge serrée après des mois à en rêver. Seul, farouche, il surplombe la plaine de l'Araxe et les plateaux anatoliens. La montagne sacrée s'élève au cœur du Kurdistan turc, dans l'ancienne Arménie. Les Arméniens la surnomment Massis, la Mère du Monde. Les Turcs l'appellent Agri Dagh, la Montagne des Douleurs. Les Perses parlent du mont de Noé, Kok-i-Nouh.

L'Ararat confère aux lieux et aux personnes une sensation de sacré. Que l'on soit croyant ou non, sa majesté impose le respect. Par temps nuageux, il apparaît comme flottant encore sur les eaux du déluge.

Je saisis mieux désormais pourquoi Arméniens, Kurdes, Perses, Azéris et Turcs ont pris son sommet comme point des origines. La montagne devient sacrée car elle est pour les hommes qui vivent à son pied le plus bel hommage au Dieu créateur. La nature parle par sa magnificence. Il est donc évident de placer sur le dos de l'Ararat ce qui nous est le plus cher : Dieu et l'humanité, Noé et son arche. Le même phénomène d'Éden-montagne[1] peut se retrouver dans le monde entier. Le couple qui enfante ou réenfante l'Humanité se situe

1. Samivel, *Hommes, cimes et dieux*, Arthaud, 1984.

au nombril du monde. Le départ de nos origines est placé dans un écrin naturel, une montagne qui devient sacrée.

La montagne exerce un pouvoir que l'on retrouve dans toutes les chaînes. L'homme y place ses dieux et ses démons. Par la force que dégage une montagne on y accroche ses mythes, ses religions et ses légendes. Les dieux se révèlent sur les hauteurs. De la base au sommet, les montagnes nous relient symboliquement à Dieu : le mont Kailas en Himalaya, sur lequel Siva trône en position de yogi ; le mont Athos en Grèce, où seuls hommes, prêtres et moines ont le droit de vivre, le Kilimandjaro en Tanzanie, fameux nombril pour les Massaï. C'est sur la montagne du Sinaï que Moïse reçoit de Dieu les tables de la Loi. Plus tard c'est sur le mont des Béatitudes, près du lac de Tibériade, que le Christ prononcera la loi d'amour pour l'Humanité. De par le monde, des milliers de pèlerins continuent de gravir rituellement des montagnes sacrées. Ils perpétuent ainsi les croyances millénaires, les mythes, les traditions folkloriques et les superstitions attachés aux monts.

Témoin d'une histoire tumultueuse, l'Ararat voit depuis des siècles le monde se déchirer à son pied. À la frontière entre la Turquie, l'Arménie, la Géorgie, l'Azerbaïdjan, l'Iran et l'Irak, existe-t-il une montagne aussi partagée ? Carrefour de pays et de civilisations, aujourd'hui comme au fil de l'histoire perse ou ottomane, s'y déroule une partie du « grand jeu » géopolitique international.

Les routes de la soie ne charrient plus les étoffes précieuses. Le mont voit défiler à ses pieds de monstrueux trafics : drogue d'Afghanistan, cigarettes d'Europe, pétrole d'Iran, objets d'arts d'Asie centrale et d'Irak et clandestins venus d'Asie tenter le rêve d'Occident. Entre la Caspienne et la mer Noire, la montagne se situe sur la route des oléoducs. Dans le territoire turc depuis 1921, l'Ararat demeure un symbole arménien pour toute la diaspora victime du génocide en 1915, tandis que le Kurdistan couve sous la cendre des répressions turques.

Le mythe fondateur rejoint la réalité géopolitique contemporaine. L'Ararat est un nombril du monde. Je vais tenter de me faufiler dans cet univers étrange. Bergers kurdes, imans et hadj musulmans, chrétiens syriaques, guides et passeurs de montagne me livrent la manne orale des traditions nohachiques. Je prends la température du mont, lui chatouille le pied avant de grimper sur son dos.

La cime du déluge

Je ne suis pas particulièrement entraîné. Comment vais-je réagir au-dessus de 5 000 mètres ? J'emprunte d'abord la voie officielle du sud avec un groupe et un guide local. Après trois jours de marche et deux camps d'altitude, je ne suis plus qu'à une heure de la cime. Blizzard terrible. Le froid me saisit. La tempête nous enveloppe. Un bras devant le visage, nous nous protégeons des morsures du vent. L'autre, appuyé au piolet, est l'ultime ancre dans la glace. On ne voit pas à un mètre. Je me perds. Tout est blanc, froid et opaque. Vision zéro. J'avance dans le sens de la montée, regardant mes pieds que j'aperçois tout juste. Dix minutes plus tard, le guide me retrouve. Deux autres personnes ont disparu. Rechercher quelqu'un dans cette bourrasque, sur un glacier, est impossible. Il faut descendre. C'est un ordre.

Deux jours plus tard, la météo plus clémente permet le départ d'une équipe de secours à la recherche des disparus. Ils sont morts dans la tempête. Les deux corps ont été retrouvés congelés, tout près du sommet. La mort frappe tous les ans sur l'Ararat. Pour me saluer, elle a choisi le jour où je montais.

De retour au pied du mont dans la ville de Dogubayazit, je sympathise avec un Américain. Il ne dit rien. Ici, qui ne dit mot consent à l'arche.

Un soir, alors que nous sommes déjà bien imbibés de l'alcool local, le raki, Richard Bright, alias Dick, me livre son secret. Je tends l'oreille : « Moi, ça fait vingt-quatre ans que je viens ici dans l'espoir de trouver l'arche. Le bateau est sur l'Ararat, j'en suis sûr, mais où ? Peut-être suis-je la personne à qui Dieu veut le montrer. Peut-être est-ce toi ? »

Je ne réponds rien. Je sors quelques cartes et documents de recherches. Nous comparons nos points de vue. J'ai gagné sa confiance.

Richard est une sommité aux États-Unis, où il est connu comme l'un des spécialistes du déluge. Docteur en philosophie, il appartient sans doute à une Église évangélique. Créationniste, converti dans les années quatre-vingt, il prend la Bible au pied de la lettre. Sa foi est à déplacer les montagnes. Après une brillante carrière de pilote de ligne, il consacre sa retraite à la recherche de l'arche.

De juillet à septembre, période de la fonte des glaces, Dogubayazit devient le repaire des chercheurs d'arche. Des équipes du monde entier se relaient, se concurrencent. Des hommes célèbres gravissent l'Ararat, comme James Irwin, astronaute qui posa le pied sur la Lune, ou encore Reinhold Messner, l'un des plus grands alpinistes du monde.

Quand Sylvain Tesson et Thomas Goisque me retrouvent, trois équipes de chercheurs sont déjà en piste pour l'arche : des moines orthodoxes russes et ukrainiens, des témoins de Jéhovah italiens et un créationniste américain…

La voie de l'arche

Ultime étape de mon enquête : explorer les crevasses du glacier Parrot, la « voie royale de l'arche ». Nous avons décidé de rassembler nos forces. Richard Bright se joint à nous. Il me confie sa caméra numérique. Je tourne, il commente : « OK, nous sommes le 14 septembre 2006, il est treize heures. Il fait beau. La cime de l'Ararat n'est pas dégagée. Je suis sur le versant nord-est avec une équipe de trois jeunes Français. Nous partons pour quatre ou cinq jours d'expédition de recherche. Les chevaux sont prêts avec nos bagages. Nous avons un guide de montagne et un homme qui s'occupera des chevaux. J'espère que cette fois c'est la bonne ascension. En route ! »

Après deux jours de marche d'approche dans les coulées de lave, nous atteignons 3 200 mètres. Des blocs de rochers nous mènent au bord du glacier Parrot, immense langue de glace encaissée entre deux parois rocheuses. J'ai envie de courir dessus, de le secouer jusqu'à ce qu'il crache son bois.

Par sécurité, nous prenons le point GPS de la tente. 3 800 mètres. Brouillard épais. Nous abordons le glacier crampons aux pieds, piolet en main et matériel de recherche sur le dos. Plusieurs crevasses entaillent le glacier dans le sens de la pente. Ouvertures béantes, blanches, froides. Elles nous dévoilent la tâche gigantesque que représente la quête de l'arche. Où chercher ? Dans quelle crevasse ? Nous inspectons au cours d'une première journée, grotte, crevasses, mur de glace, zones d'ombre. Rien.

Le lendemain, sept heures. Je sors la tête de la tente. Tout est tapissé de blanc. Un épais manteau de neige recouvre le glacier, le revêtant d'un calme inhabituel. Les rocs sont des moutonnements. La tente est un igloo. Nous enfilons nos chaussures raidies, aussi gelées que les gourdes, et avalons quelques fruits secs. Je me ressaisis. Quitte à être là-haut, autant continuer à explorer. Nous nous lançons à nouveau sur la glace.

Je descends dans une crevasse à l'aide de cordes. Sylvain m'assure. J'enfonce les griffes de mes crampons dans la glace verticale. Au bout de cinq mètres, je m'arrête sur une corniche interne. Le trou est profond mais trop étroit pour que je m'y glisse. Je n'en vois pas le fond ; tout est lacté. J'inspecte les parois de haut en bas. Je cherche une forme, de la poussière de lave, du bois, quelque chose. En vain.

Suspendu au bout de ma corde, je pense avoir fait fausse route. Je prends conscience face à la taille du glacier que toute recherche est illusoire. L'arche, pour peu qu'elle existe, est une aiguille dans une botte de foin.

Mon enquête tourne à la quête. Je caresse l'Absolu enfoui dans mes crevasses intérieures. Il y a quelques jours encore, je rêvais de rapporter du bois !

Je suis dans une crevasse à 4 200 mètres d'altitude…

Il y a quarante jours à peine, il était là, au creux de ma main, minuscule morceau de bois. Peut-être un morceau de l'arche de Noé, peut-être le morceau d'un vaisseau virtuel, mais un morceau qui ne peut plus aider l'Humanité. En admettant que l'arche existe, si on la retrouve, elle ne restera qu'un signe des balbutiements de l'Humanité. Les signes ne sont que le pâle reflet d'une réalité plus vaste.

Aujourd'hui, ni la science ni la foi ne peuvent résoudre l'énigme. Nous pouvons prolonger nos rêves. Le mythe a de beaux jours devant lui.

À mon retour, quarante jours se seront écoulés. Le temps d'un déluge, d'un désert, d'un carême. L'instant d'un bouleversement. Quarante, le nombre de semaines d'une grossesse, le chiffre de la vie pour les Juifs, d'une renaissance. Quarante jours pour saisir des mondes intérieurs.

Je remonte péniblement le long des cordes. Mon âme fait surface. Nous remballons le matériel. Je suis déterminé : nous rentrons. Thomas et Sylvain me demandent à plusieurs reprises : « Tu es sûr, on rentre ? Tu ne seras pas frustré ?

— J'ai trouvé ce que je cherchais. Ce n'est pas sur cette montagne. Il faut descendre, descendre en soi. »

L'arche est intérieure... C'est ma trouvaille. Je suis monté sur l'Ararat, j'y ai vu les traces d'un mythe. Je suis descendu dans mon cœur, j'y ai touché l'Infini.

Blanche de Richemont

*Après un DEA de philosophie de l'art, Blanche de Richemont s'est tournée vers les voyages et l'écriture. Devenue journaliste et écrivain, elle est l'auteur d'*Éloge du désert *et d'*Éloge du désir *parus aux Presses de la Renaissance.*

Seule avec les nomades du sel

par Blanche de Richemont

Éprise de désert depuis toujours, Blanche de Richemont, à une époque où la vitesse fait loi, a suivi en janvier et février 2005, au rythme des chameaux, une caravane de sel (Azalaï) de Tombouctou jusqu'à la mine de Taoudeni où cet « or blanc » est extrait depuis la nuit des temps.

TOMBOUCTOU RETIENT les mythes et non les cœurs. Ville de sable noyée dans la poussière, elle vit dans la nostalgie des empires déchus. Enserrée dans les tenailles du temps et le vide du désert, Tombouctou reste néanmoins le lieu de départ et d'arrivée des grandes caravanes de sel : l'Azalaï, qui traverse le désert pour atteindre la mine de sel de Taoudeni. D'octobre à mai, les hommes parcourent inlassablement 750 kilomètres en quête de l'or blanc. Je pars avec eux. Mais l'Azalaï n'est pas une affaire de femme. Elle est l'épreuve du feu pour ces nomades grandis dans le sable qui, en atteignant Taoudeni à pied, prouvent qu'ils sont des hommes. J'en serai un.

Je suis accompagnée de quatre hommes et cinquante chameaux. Mon guide voudrait me dissuader de partir. J'ébranle les traditions. Une femme seule, non croyante, habillée en homme, cela ne se fait pas. Devant son mépris, je lui demande de me respecter, il me répond : « Tu es qui, toi, pour que je te respecte ? Tu n'es qu'une femme ! » Oui, qu'une femme… Son comportement me rend plus forte. Leur montrer ce que peut être une femme quand elle est aussi libre que les hommes.

Mais ce désert est laid. Triste, plat, sans couleurs, couvert de petites touffes d'herbe. Ma chamelle aux poils épars et ternes ressemble au paysage. Je ne tarderai pas à lui arracher des touffes de poils pour me venger de toute cette monotonie.

Je pars demain du campement. Les tentes environnantes célèbrent un mariage. Un peu de vie avant le vide. Des femmes voilées me font signe de m'éloigner, des enfants me jettent des pierres, mais fascinée, je contemple leurs danses. Blottis les uns contre les autres, ils tapent des mains pour accompagner le couple qui danse au centre du cercle. Des gestes lents, sensuels, échos voluptueux d'un rythme dont tout le corps est possédé. Leurs mains sont un langage qui frôle l'air sans frénésie ni brusquerie. Chaque courbe est poème. Des moments volés que j'emporterai comme un secret.

Les sacs sont entassés, les chameaux rassemblés, les guerbas pleines d'eau, Sheikh, mon guide, est prêt. 750 kilomètres de terre plate, hostile, sans beauté nous attendent. Derrière l'horizon, l'horizon. Pas un sommet. Le trouver en moi.

La nuit est froide et le feu est notre foyer. Mais Sheikh me demande de manger mon plat de riz loin d'eux pour ne pas lui faire l'insulte de dîner à leurs côtés. Je refuse. Ils me puniront en me donnant des fonds de verre de thé et en diminuant mes portions de riz. Je trouble leurs repères. J'en paie le prix.

Il y a encore des pâturages. Nous marchons donc seulement six à huit heures par jour. S'ils peuvent s'abstenir de boire pendant plusieurs semaines, les chameaux doivent se nourrir tous les jours. Ils imposent le rythme de la marche. Dans le désert, l'homme est le vassal de sa monture.

Lamine court sans cesse derrière les bêtes. Il les laisse se déplacer en troupeau pour qu'elles profitent des derniers instants de liberté avant d'avancer attachées. L'Azalaï est aussi éprouvante pour les hommes que pour les animaux. À Taoudeni en effet, le soleil se lève sur des cadavres de chameaux trop épuisés pour porter le sel jusqu'à Tombouctou. Des squelettes jalonnent cette route séculaire qui semble mener à l'enfer.

De l'aube au crépuscule, l'Azalaï se prépare. Entre les heures de marche, les chameaux errent dans les pâturages ou passent la matinée au puits et boivent avidement afin de consolider leurs bosses. Les hommes tissent avec des herbes sèches des cordes à bouche qui relient les chameaux les uns aux autres, et des entraves pour leurs pieds. Ils consolident les selles qui porteront le sel ou en confectionnent de nouvelles. Ils pilent le mil pour le *dôkhn*, notre déjeuner quotidien : du mil mélangé à de la farine avec un peu de piment que l'on dissout ensuite dans l'eau forme alors une sorte de crème écœurante. Nous la buvons en marchant. Lorsque la caravane se met en marche, elle ne s'arrête plus. Pas un instant qui ne soit au service de la route.

Taoudeni semble chaque jour un peu plus loin. Impossible de savoir le nombre de kilomètres parcourus et ceux qui nous attendent encore. J'apprends peu à peu à habiter le vide. Dans ce grand silence et ce paysage immobile, je n'ai recours qu'à mes pensées. Elles sont idiotes. Je me demande pendant des heures quand j'ouvrirai la boîte de thon qu'il me reste…

Je ne me laverai ni me changerai pendant un mois. Mais je refuse de m'abandonner totalement à ce désert, de lâcher mes repères. Je me force donc à marquer les jours sur mon carnet, à me coiffer, me laver le visage et à ôter mon boubou le soir quand je glisse dans mon sac de couchage, malgré la tempête. Face à la simplicité de la vie de ces hommes, ces rituels paraissent dérisoires. Ils me semblent néanmoins essentiels pour garder ma dignité.

Nous arrivons à Araouane, située à 250 kilomètres de Tombouctou. Cette oasis est un village à la dérive. Minuscule et perdu, il semble être pris dans des tentacules de sable. Quelques puits, les hommes mangent de la viande de chameau, les enfants vont à l'école, une radio les connecte avec le monde mais il semble inconcevable que des hommes aient choisi de vivre dans un tel dénuement. Échoué au milieu des dunes, ce village nargue la mort. Il donne la vie là où elle paraît improbable.

Malgré la tempête qui sévit, nous dormirons dans le désert. Comme ces vagabonds qui n'ont pas droit à la protection des maisons. Le confort retient. Or les nuits à la belle étoile nous mènent sur la route. Elles en sont le prolongement.

Désormais, l'herbe se fait rare, l'eau aussi. J'aspire à ne plus voir une touffe d'herbe, espérant secrètement que l'absence totale de vie en dévoilera une autre, plus intense. À l'approche du grand désert, nous passons une journée entière à faucher l'herbe et à la rouler en bottes dans des cordes. Les chameaux porteront leur nourriture et seront dorénavant attachés.

Cela fait dix heures que nous marchons. Le vent est glacé et la nuit est tombée depuis longtemps. Je m'apprête à monter sur ma chamelle sans la faire baraquer. Mais en tendant mon bras vers ma monture, je me luxe l'épaule. Impossible d'arrêter la caravane qui ne suspend jamais sa course. Je tente de remettre mon épaule en place en marchant, mais en vain. Je fais donc baraquer ma chamelle. Je dois la rétablir malgré les secousses de la marche. J'invoque les étoiles pour qu'elles me viennent en aide. Le désert rend croyant. Malgré la douleur et le froid qui me paralysent, j'y parviens. Je découvre la victoire sur moi-même. Le désert nous apprend à mépriser la souffrance. Il faut avancer. Le reste n'a aucune importance.

Chaque étape dure désormais quatorze heures. De jour comme de nuit, les hommes s'enfoncent dans le vide sur des chemins invisibles. J'ignore comment ils s'orientent. La route semble inscrite en eux. Certaines nuits chargées de nuages, ils ne peuvent s'aider de Belhadi, cette étoile qui depuis des siècles indique Taoudeni.

Chacun a un rôle bien défini. Tandis que Lamine distribue de l'herbe aux chameaux, Sheikh et moi ramassons les crottes des bêtes pour faire du feu. Le Chibani range les sacs, son acolyte prépare le thé. Et très vite, comme par magie, nous donnons vie à ce petit coin de désert. Chaque soir, nous habitons la demeure que nous nous inventons. Le feu crépite, les chameaux broutent, nous buvons un peu de thé, la nuit est froide, demain nous serons en route, tout est bien. Simple et essentiel.

Ce matin, le jour s'est levé sur du sable rose, presque rouge. Pour la première fois le soleil a échappé à la poussière du ciel et dispense des couleurs. Quelques dunes et des petites montagnes brisent l'horizon. Sensation délicieuse d'atteindre le cœur de cette terre après m'y être donnée. La nature nous met à l'épreuve pour s'offrir à celui qui aura persévéré.

Ce soir nous arrivons à Taoudeni. Aux portes de l'enfer, la beauté surgit. Peut-être est-ce le signe que toute beauté est souffrance.

Taoudeni. Bonheur du but atteint après l'attente et l'épuisement, la solitude et la faim. Les grandes joies se conquièrent. Mais cette joie est presque tragique. Comment être profondément heureux d'arriver dans un tel lieu de misère ? La mine de Taoudeni réunissait les bagnards et les esclaves. Pas besoin de chaînes ici. Le désert enferme.

Sur la grande plaine juchée de bivouacs, unique femme, exposée aux regards, mon intimité sera la nuit. Les hommes ne comprennent pas ce qu'une femme seule arrivée à pied est venue faire là. Je peine moi aussi à l'expliquer. Ils me regardent avec bienveillance, heureux qu'une jeune fille soit prête à traverser le désert pour les rencontrer et de voir une étrangère pour la première fois depuis des mois. Un événement dans la monotonie de leur vie de mineurs.

Écrasé par l'immensité du désert, cet ancien bagne est fait de trous tantôt abandonnés, tantôt livrés aux chocs des pioches. De minuscules cahutes construites en blocs de sel abritent les hommes. À ciel ouvert, sous le cagnard, 400 mineurs creusent des trous de plusieurs mètres de large.

Entre 3000 et 5000 tonnes de sel sont extraites de la terre chaque année. À environ cinq mètres de profondeur, ils détachent une couche de sel blanc, *el beidat*, épaisse de 25 à 30 cm, qu'ils découpent en blocs de 1,20 mètre sur 40 centimètres, puis ils les fendent en deux pour obtenir des barres d'environ 35 kilos chacune. Ces mesures, immuables, ont été calculées selon les dimensions du flanc du chameau. Charger le sel se révèle une entreprise à la fois périlleuse et éprouvante. Les plaques sont lourdes et le moindre faux mouvement risque de les briser, leur faisant perdre ainsi de leur valeur.

Cette mine est figée dans le temps. Les mêmes matériaux depuis des siècles, les mêmes aliments, le même épuisement, la brûlure de la terre et le vent de sable que rien ne retient. En dehors de la présence des camions, impossible de croire que nous sommes au XXIe siècle.

Dans cette mine d'enfer, les hommes rient et chantent le soir au coin du feu. Ils n'ont que leur désir de vivre pour tenir. La moindre faiblesse les condamne à quitter la mine. Être fort ou partir.

Les caravanes sont toutes rassemblées sur une immense plaine de sable et de poussière rouge couverte de crottes de chameaux. Des milliers de bêtes et des centaines d'hommes se retrouvent là, sur cette plaine où commence la partie la plus délicate du voyage : aller de mine en mine, trouver les bonnes plaques, les négocier, les charger pour les ramener au bivouac. Et au bout de trois jours, repartir.

C'est à Taoudeni que l'épuisement commence vraiment. L'air chargé de sel et de poussière est irrespirable, l'eau salée est imbuvable et les nuits sont brisées par les cris des chameliers qui encouragent leurs bêtes à repartir. Ils ne reprennent jamais la route le jour pour que les chameaux ne se croisent pas. S'ils s'effraient entre eux et font tomber leur chargement, les hommes perdent le peu d'argent qu'ils gagneront après ce mois et demi de désert. Quatre plaques de sel ont une valeur d'environ 7 500 FCA (11 euros). À Tombouctou, selon la qualité du sel et l'envergure du commerce, une plaque est revendue aux alentours de 50 000 FCA (7 euros), à Mopti 10 000 FCA (15 euros).

Les mineurs troquent des plaques de sel gemme contre du riz et du mil. Une plaque de sel équivaut à six kilos de mil ou à trois kilos de riz. L'unité de mesure pour les caravaniers est la charge du chameau : quatre plaques. Elles sont chacune de qualité différente. Le sel gemme de meilleure qualité étant le plus blanc et le moins friable.

Je croise des Berrabich et des Haratin, d'anciens esclaves qui, de père en fils, apprennent les mystères de la mine. L'extraction du sel est libre, il suffit d'avoir la main-d'œuvre nécessaire pour ouvrir une mine. Certains travaillent en tribu, d'autres pour un « locataire » qui les paie et les nourrit en échange de cinq jours de travail par semaine. Les deux autres jours, le mineur travaille pour lui-même. « Mauvais travail », disent-ils en montrant leurs mains écorchées et déshydratées. Mais ils gagnent un bon salaire pour le pays. Pas une femme, juste des hommes exilés, isolés pendant six mois. Pas d'infirmerie ni de radio. Juste les caravanes et les camions. Des siècles se font face.

Notre caravane partira dans la nuit. Sans moi. L'épaule malade, je rentre à Tombouctou sur un camion de marchandises transportant du sel. Depuis la fermeture du bagne en 1991, des camions partent de Tombouctou chargés de chèvres, de riz et de mil pour revenir de Taoudeni avec 300 plaques de sel en une semaine…

Le jour du départ, un mineur se coupe le doigt. Dans l'ombre de sa cahute, je tente de le soigner. Le bout de son doigt menace de tomber à chacun de mes gestes. Nous ferons ensemble le voyage à l'arrière du camion, assis sur les plaques de sel pendant quatre jours. Des mineurs nous rejoignent, ainsi que deux jeunes frères venus à la mine auprès de leur père pour découvrir la vie qui les attend. Le camion roule lentement sur le sable, mais il va déjà trop vite. Le vrombissement du moteur brouille cette grande paix, casse le silence et brise les rêves d'avenir des nomades du sel.

La nuit, le camion s'arrête, on fait du feu. Un grand vide dans ce silence sans animaux à décharger ou à nourrir. Je découvre à quel point leur présence était réconfortante. Elle donnait une âme à la nuit. Je me sens perdue sans ces rituels ancestraux qui apaisent la rudesse du désert. La modernité nous rend seuls.

Avec les camions et les années qui passent sur ces routes séculaires, peut-être les Azalaï vont-elles s'éclipser tout doucement. Elles seront absorbées par le vide d'une époque où la vitesse fait loi. Alors, le sel gemme n'aura plus le goût du silence des longues marches à travers les sables.

Chantal Edel

Historienne de l'exploration, des voyages et de la photographie, Chantal Edel publie sur ces sujets pour différents éditeurs et magazines. Son premier ouvrage Mukashi-Mukashi, Le Japon de Pierre Loti *(éd. Arthaud) a obtenu le Grand Prix du Festival d'Arles en 1985. Chargée d'édition à la Guilde, elle a été directrice de la collection « Le Tour du Monde » aux Éditions Phébus.*

Il y a 100 ans .
la première course automobile
Pékin-Paris (juin-août 1907)

par Chantal Edel

Ancêtre des célèbres croisières Citroën (Noire et Jaune) et des actuels Paris-Dakar ou autres raids motorisés que la Guilde avait en son temps initiés, la course automobile Pékin-Paris verra, le 10 août 1907, la victoire du prince Scipion Borghèse sur une Itala de 40 CV, dans d'inimaginables conditions.

1907. Depuis quelques années à peine, l'automobile – inventée par Cugnot en 1769 – s'est essayée dans des coupes de quelques centaines de kilomètres en Europe. La plus importante, en 1895, un Paris-Bordeaux-Paris, a révélé les prouesses d'une Panhard conduite par Émile Levassor à la vitesse… de 24 km/h. De quoi donner l'idée d'une opération de plus grande envergure, si possible internationale. Quotidien bien connu auquel l'aventure n'est pas étrangère puisqu'il couvrait souvent des événements sortant de l'ordinaire (expéditions polaires, traversées insolites…), *Le Matin*, fait au commencement de l'année 1907, en première page, cette curieuse proposition : « Voulez-vous cet été aller de Pékin à Paris en voiture ? » « Je m'inscris dans l'épreuve Pékin-Paris », telle est la première réponse – royale – d'un certain prince Scipion Borghèse, déjà connu par ses voyages réalisés en 1900 en Syrie, Mésopotamie, et de la Perse au Pacifique en passant par les monts Célestes chez les Kirghizes du Turkestan. De là à récidiver pour le Céleste Empire !

Sur les vingt-cinq véhicules initialement inscrits, ils ne seront plus que cinq en compétition : la caution de 2 000 francs demandée pour récupérer à Pékin leurs véhicules acheminés par mer en pièces détachées ayant dû en rebuter plus d'un. En plus de son altesse et son équipe sur une Itala de 40 CV, restent en course, c'est le cas de le dire, deux pilotes chevronnés (Cormier et

Collignon), chacun sur une De Dion Bouton de 10 CV, ainsi que Godard au volant d'une Skyper hollandaise de 15 CV, et Pons sur un tricycle Contal de 5 CV. Comme pour ses précédentes expéditions, Borghèse, qui va sur ses trente-six ans, a supervisé lui-même les préparatifs de ce périple pour lequel il est indispensable de prévoir des relais d'essence et de provisions. Pour la longue traversée de la Russie, la firme Nobel (propriétaire de presque toutes les mines de pétrole de la Sibérie) assure un dépôt tous les 250 kilomètres, l'Itala réclamant pour ses nombreux chevaux-vapeur une impressionnante consommation d'essence. Pour le ravitaillement en Chine, un certain nombre de bidons ont été envoyés par train, et pour la Mongolie à dos de chameau. Malgré tout, compte tenu d'un handicap majeur, son énorme poids de 2 000 kilos, l'engin princier n'est pas donné gagnant.

Le 10 juin 1907, hourras, pétards et musique militaire saluent le départ à Pékin des huit concurrents. Spécialement préparée pour cette course, l'Itala est conduite par le prince qui manie le volant avec autant de maestria que le pic du grimpeur (alpiniste chevronné il avait déjà vaincu de nombreuses cimes des Alpes, souvent sans guide et en plein hiver par goût de la difficulté). À ses côtés, son indispensable et astucieux mécanicien Hector Guizzardi ; et, assurant dans des conditions folkloriques le reportage du raid par l'envoi de télégrammes à la rédaction parisienne, relayés par l'Italie et l'Angleterre, trônant à l'arrière, le journaliste Louis Barzini. Place en réalité des plus inconfortables, car le chroniqueur est coincé entre deux réservoirs de 150 litres d'essence, un autre de 100 litres d'huile et un bidon de 100 litres d'eau (autant pour le moteur à refroidir que pour les passagers), et de multiples pièces de rechange... Dans les passages difficiles, les pneus – Pirelli comme il se doit – et les roues renforcées s'avéreront fort utiles. Mais pour l'alléger il faut littéralement déshabiller le véhicule de sa carrosserie, de son garde-boue, et de ses sièges – remplacés par des caisses de bois.

Chaque passager a eu droit à une quinzaine de kilos de bagages personnels. Arrivé à l'avance à Pékin, le prince a déjà fait les frais des tracasseries séculaires du Céleste Empire en arpentant le tronçon

Pékin-Kalgan, en compagnie de son épouse Anne-Marie et d'une de ses amies. Ce fut en réalité un voyage de reconnaissance à cheval de 600 kilomètres en six jours, un bambou taillé de la longueur de l'Itala à la main pour mesurer tous les coudes des sentiers qui mènent à Kalgan, dernière étape avant la Mongolie.

Dès le premier jour, dans un paysage où dominent les murs crénelés de la ligne arrière de la Grande Muraille, puis ceux de la Grande Muraille elle-même, les *chi-chos* (monstres de feu) sont d'emblée mis à rude épreuve, créant partout où ils passent l'attraction générale. Surgissent les premières difficultés : la traversée du fleuve Tsing-lo sur un pont formé de dalles de marbre disjointes par le temps que la volumineuse Itala franchit comme une grosse tortue oscillant lentement et lourdement. Des escouades de coolies et quelques mules ont été réquisitionnées à l'avance pour gravir, le lendemain, 70 kilomètres plus loin, les contreforts des impressionnantes gorges de Nan-keou, étroite fente au fond de laquelle un amas de roches et de cailloux sert de piste. Tirant et poussant sous la pluie l'énorme masse du *chi-cho*, les

Chinois, pauvres bougres dépenaillés, offrent un spectacle de « cour des miracles », tandis qu'imperturbable Hector manœuvre le volant tel un timonier à la barre, Barzini et le prince suivant sur deux minuscules bourricots. Se profilent au loin les monts Kalgan, mais atteindre la ville du même nom, future étape, n'est pas une sinécure. Là encore les coolies se montrent admirables autant dans les montées, succession de rochers, trous, monticules, crevasses, saillies, que dans les vertigineuses descentes où il faut retenir le véhicule avec des cordes.

Ceux de l'Itala se détachent déjà nettement du peloton, mais même s'ils ont accompli 240 kilomètres en peu de jours, le succès est relatif, 95 seulement l'ayant été au moteur. À l'approche des plaines mongoles, prémices du redoutable désert de Gobi pour lequel il faudra revêtir à nouveau l'automobile de son équipement d'origine, les Italiens sont livrés à leurs propres ressources, les coolies ayant été remerciés. Les concurrents qui se sont retrouvés à Kalgan roulent en partie de nuit pour éviter le plus fort de la chaleur. Sur les 1 500 kilomètres de terrain légèrement ondulé qui relient Kalgan à

Ourga, lancés à la poursuite d'antilopes, ils se permettent des pointes à 60 km/h ! Les voyageurs croisent des caravanes de chameaux, des palanquins et de riches cortèges de personnalités escortés de chevaux, qu'il leur est difficile parfois de doubler. Mais au bout du compte, pour la traversée du Gobi ils ne mettront que quatre jours au lieu des dix-sept jours des plus rapides caravanes. Espacés de 250 kilomètres, les poteaux télégraphiques sont, avec les puits où l'eau rassasie surtout les moteurs à la limite de l'explosion, les seuls points de repère. Malgré les casques de liège, la violence du soleil fait enfler douloureusement les visages aux lèvres crevassées des automobilistes, et le millième kilomètre, fêté avec un agneau rôti, arrive à point nommé pour les revigorer. À l'approche de Hsiu-wa-fu, chef-lieu de district, la plaine est couverte de vieilles tombes, d'arcs branlants, de pierres et de pagodes.

Nouveau point de rassemblement, Ourga, capitale de la Mongolie, est formée de trois villes distinctes (chinoise, russe et mongole). Les lauréats sont accueillis des plus chaleureusement dans cette ville sainte du lamaïsme où l'Itala devient l'objet d'un pèlerinage incessant de la part d'une foule ébahie devant un engin qui marche tout seul.

La route d'Ourga à Kiakhta choisie par les Italiens, qui commencent à se lasser d'attendre sempiternellement leurs rivaux, n'est qu'une succession de marécages dont la croûte cède sans se rompre et où l'on s'enlise à l'envi. L'aide offerte spontanément par des caravaniers mongols est la bienvenue. Ensemble ils mettent au point une technique qui consiste à atteler des bœufs à la drôle de machine puis à lancer le moteur à plein régime, incitant les animaux effrayés à tirer désespérément pour fuir le plus loin possible ce vacarme et ainsi désembourber le véhicule. Réalisée en trois jours, cette traversée fantastique fut riche en émotions.

Les voyageurs éprouvent une sensation grandiose et magnifique à l'approche de Kiakhta, ville double, avec d'un côté ses centres réputés de production de thé chinois et ses maisonnettes groupées en bourg, et de l'autre sa somptueuse cathédrale slave et ses isbas. Il leur semblait que l'Europe était venue à leur rencontre jusqu'en Mongolie.

Dans cette ville frontière où les participants reçoivent la liste des dépôts de ravitaillement et d'essence ainsi que leur localisation, l'Itala, première voiture étrangère à pénétrer dans l'Empire russe, se voit octroyer la plaque d'immatriculation n° 1. Après les yourtes, ce sont les isbas que les Italiens découvrent ; après les palanquins, les *tarentass* – l'inconfortable véhicule russe – et ses voyageurs vêtus de fourrures. Et après les Mongols ce sont les moujiks, « avec leurs longs cheveux blonds, les yeux perdus dans le vague horizon de leur pays aux collines basses et aux plaines infinies ».

Jusqu'à Irkoutsk – à un millier de kilomètres de là – alternent bourbiers et rivières plus ou moins guéables. Aussi, pour éviter les pénibles enlisements ou embourbements, les Italiens prennent-ils le parti de rouler quelque temps jusqu'au lac Baïkal sur la voie de chemin de fer, risquant plus d'une fois une collision avec un train annoncé un peu tard. Les passages de ponts sont comme toujours acrobatiques car il faut le plus souvent engager les roues gauches à l'intérieur de la voie, tandis que celles de droite passent au ras du vide. Un pont finit par s'effondrer, blessant légèrement Don Scipion à la main et retenant quelque temps Barzini prisonnier entre ciel et eau – il restera boiteux jusqu'à la fin du raid. Là encore les secours viendront de l'extérieur : une vingtaine de bûcherons qui se trouvaient à proximité installent une rampe en bois jusqu'à l'autre rive et hissent la voiture dessus. Forts de ces expériences, ils finiront par construire eux-mêmes un peu plus loin, en cinq minutes et avec dextérité, une passerelle sur un ruisseau.

Les écarts se creusent de plus en plus entre l'Itala et les autres concurrents qui ont dû rallier Irkoutsk en train ; mais ils passent ensemble une soirée prolongée dans un café chantant où les célèbres chœurs d'Ukraine font merveille. À partir de cette ville, des pneus Pirelli attendent les Italiens tous les 1 500 kilomètres.

Infestée de loups, la piste qui à travers la taïga mène à Tomsk, étape suivante, réserve d'autres mauvaises surprises. Véritable danger, la pluie quasi perpétuelle nécessite d'entourer les roues de chaînes pour pouvoir avancer, et des brigands qui tombent sur eux à l'improviste prennent la fuite dès que le prince Borghèse sort son revolver. L'Itala bute souvent contre les obstacles (cailloux, racines, troncs d'arbres) cachés par la pluie et la boue, semant sur la route, sans que personne s'en aperçoive, équipement et bagages. Dans ces conditions le radiateur obstrué par la boue fait anormalement chauffer le moteur, alors que la salutaire eau rafraîchissante se fait rare. À ce rythme, la consommation d'essence est décuplée, et les automobilistes sont continuellement enveloppés d'une fumée blanche et âcre. Entre Tomsk et Omsk (960 kilomètres d'une mauvaise route), la région des steppes de Barabinsk leur rappelle les prairies mongoles, en plus vert. Par suite du frottement continuel du frein qui a tendance à se bloquer, un début d'incendie se produit et les roues donnent des signes d'inquiétude. Marquant la fin de la Sibérie, Omsk qui se situe à peu près au milieu du trajet accueille les Italiens pendant deux jours. Bien que ce soit une importante bourgade, Barzini aura pourtant le plus grand mal à envoyer au *Matin* par télégramme le compte rendu des dernières étapes. Arrivé le 19 juillet à Ekaterinbourg, ville frontière entre l'Asie et l'Europe, sise sur l'une des plus grandes routes de l'histoire de l'Humanité, Louis Barzini, non sans lyrisme, laisse courir sa plume : « C'est le plus grand axe des conquêtes et des idées, des religions et des trésors, des légendes et du commerce, des armées et de l'or [...] qui a assisté au flux et reflux des races et des civilisations, portant à l'Occident la marée tartare et à l'Orient la marée slave. » Capitale minière de l'Oural, c'est encore un grand marché de l'or et du charbon.

Apparemment peu difficile à franchir, le passage de l'Oural réserve pourtant aux automobilistes une mauvaise surprise : une roue lâche, mais elle sera fort bien réparée, à l'ancienne, par un étrange charpentier parlant latin. La voiture continue à donner des signes de grande fatigue, et l'axe avant cède à son tour ; néanmoins, en l'espace d'une nuit, tous les ressorts sont remis en état par le précieux Hector et, fort heureusement, à partir de Kazan, les routes sont empierrées. En plus des traditionnelles *tarentass*, les voyageurs croisent un jour une multitude de télègues, transportant du lait et des œufs, tirées par des chevaux que le véhicule à moteur affole ; les chargements se renversent, déchaînant la colère des moujiks qu'il est préférable de fuir au plus vite.

Après une agréable traversée de la Volga en bateau au son d'une balalaïka, les Italiens sont à leur grande surprise reçus de l'autre côté par des volées de pierres, l'automobiliste étant considéré comme un ennemi du tsar et de la religion. En revanche, à Nijni-Novgorod ils sont agréablement accueillis par le comité officiel de la course Pékin-Paris, et félicités pour avoir parcouru jusque-là 9 000 kilomètres en quarante-cinq jours. À partir de cette dernière ville, ils traversent des régions habitées, et sautent les bouchons de champagne pour fêter leurs étapes. Mais les ponts restent cependant le problème majeur et l'un d'eux s'effondre juste après leur passage.

Le 27 juillet les voyageurs étrangers entrent dans Moscou, en grand apparat, escortés par des cosaques à cheval, tandis que des automobiles locales viennent à leur rencontre à grands coups de klaxon. Une foule énorme envahit les routes pour saluer l'Itala qui a refait sa toilette de voyage. Les étapes suivantes donnent lieu à une explosion de sympathie, mais le raid automobile n'est plus que du modeste tourisme. Dans les derniers 4 000 kilomètres, les Italiens, n'ayant à déplorer que le changement d'une roue, s'offrent un petit détour par Saint-Pétersbourg. Une fois la frontière allemande franchie, le 4 août, à 1 500 kilomètres de Paris, passant par Berlin, Liège et Reims, ils se rapprochent rapidement de la capitale française et parviennent à Meaux la veille au soir du jour de l'arrivée, prévue le 10 août à seize heures trente au siège du *Matin*.

Salués par un public enthousiaste que les cordons de police ont du mal à contenir, et précédés de la garde républicaine, les heureux vainqueurs font une entrée triomphale dans Paris, tandis que les vendeurs de cartes postales s'égosillent d'un « Le Prince Borghèse 4 sous ! 4 sous le Prince Borghèse ! ». Avenue du Trône, c'est la *Marche triomphale d'Aïda* qui les accueille, et quelques kilomètres plus loin, la *Marche royale*, l'hymne du royaume d'Italie, tandis que le champagne coule à flots. Quelques heures plus tard, l'euphorie étant passée, les mêmes vendeurs tentaient un « Le Prince Borghèse 1 sou ! ».

Des jaloux prétendirent que ce voyage n'avait prouvé qu'une chose : qu'on ne peut pas aller en automobile de Paris à Pékin. Les hommes et les machines ont effectivement été malmenés, roulant sur des routes toujours mauvaises, souvent très mauvaises, dans des conditions de climat et de température des plus éprouvantes. Pourtant l'équipage princier venait de réaliser en soixante jours un parcours épique de quelque 16 000 kilomètres – dont 12 000 sur des routes non empierrées, en grande partie sous la pluie, et moins de 200 sans moteur.

Arrivant plus de vingt jours avant ses adversaires, l'expédition italienne, très soigneusement préparée, avait été rondement menée : il leur avait fallu douze jours pour accomplir les 1 000 premiers kilomètres et deux jours et demi pour les 1 000 derniers. Paraissant l'année suivante en français chez Hachette, l'ouvrage du prince Scipion Borghèse, *De Pékin à Paris. La moitié du monde vue d'une automobile en 60 jours. Relation de voyage par son compagnon de route Louis Barzini*, connut d'emblée un très vif succès.

Sur ce long et prestigieux périple s'achève la vie aventureuse du prince Scipion Borghèse, qui se consacrera par la suite à la vie sociale et politique de son pays et prendra une part active à la guerre de Libye en 1912. Lorsque éclate la guerre de 14-18, il s'enrôle comme volontaire avec le grade de capitaine et meurt à Florence en 1927 après avoir mené de nombreuses actions politico-militaires.

Réalisé depuis la Chine, symbole de l'Asie à une époque charnière pour ce pays qui vient de subir bien des défaites (guerre avec le Japon, révolte Boxers) et va entrer bientôt dans l'ère républicaine, le Pékin-Paris représente la plus grande traversée automobile du début du XXe siècle.

L'expédition qui fera date ne sera relayée que longtemps après par Citroën avec la première traversée du Sahara en voitures à chenilles en 1922, puis une Croisière Noire en Afrique (1931) et une Croisière Jaune en Asie (1932) – où se signalera un certain père Teilhard de

Chardin – ancêtres des actuels Paris-Dakar et autres raids motorisés que la Guilde avait en son temps initiés[1].

---

1. Paris-Kaboul, 1972 ; Paris-Dakar, 1974 ; Caracas-Rio, 1976, etc.

L'ESPRIT D'AVENTURE

L'esprit d'Aventure et de Découverte à l'origine de la Guilde est lié aux **grands espaces et aux terres lointaines.**

La Guilde

- **Soutient les initiatives**
  par les Bourses de l'Aventure qui, depuis 1971, ont accompagné des centaines de projets

- **Organise des grands raids**
  telle l'expédition culturelle et scientifique Paris-Kaboul, 30 ans après le Raid Orion Paris-Ispahan-Kaboul

- **Réunit les acteurs de l'Aventure** à travers :
  - le Festival International du Film d'Aventure depuis 1971 (*Les Ecrans de l'Aventure - Dijon*)
  - les Cafés de l'Aventure
  - ses publications (livres, revue Aventure...)
  - son site Internet : www.la-guilde.org

AVENTURE

Le pôle Aventure est un programme de
la Guilde Européenne du Raid
association reconnue d'utilité publique
11, rue de Vaugirad 75006 Paris
tel : 01 43 26 97 52 fax : 01 46 34 75 45
Contact : aventure@la-guilde.org
www.la-guilde.org

GUILDE EUROPÉENNE DU RAID